ある広告人の告白〔新版〕

序文

映画監督　アラン・パーカー

このオリジナリティあふれる本を初めて読んだのは、一九六〇年代半ば、私がまだ若手コピーライターだった頃のことだ。

最初の上司の一人がピーター・メイルだった（後に彼自身も、南仏プロヴァンスシリーズなどのベストセラーを何冊も出版することになる）。ピーターは当時、ニューヨークのオグルヴィ・ベンソン&メイザー社からロンドンに来たばかりだったので、この『ある広告人の告白』が我々やんちゃ坊主どもの必読書に指定されたのだ。

その頃の我々ときたら、ボタンダウンシャツにやたらと飾り革の付いた靴を履き、なんとかいい仕事をまわしてもらおうと日夜ゴマスリに精を出すという調子だったが、オグルヴィの本は読みやすく、引用もしやすかったので、じきに若手広告人もこの本から仕入れた知恵を、エレベーターの中だろうがトイレの中だろうが、いたるところでまくしたてるようになった。

本書が私のバイブルだなどと言うと、オグルヴィには「実のない説教」だと一蹴されるかもしれない。だが、事実、オグルヴィ言うところの「肉の値札」をどうにかして見つけ出そうとやっきになっていた我々六〇年代の広告人にとって、本書は『毛沢東語録』にも匹敵する一冊だったのだ。

中でもとくにみんなが好んだのは「自分が楽しくなければ、いい仕事などできない」という一節だ。この「名著」の解説役だったピーター・メイルは、これを「我が道を行く異端の者、すなわちクリエイティブな人間は、ソーホーで長々とランチを楽しむべし」という意味だと解釈した。

オグルヴィの異端の金言の中でも「人間は酒を飲んだときに、より創造的になるものだ。私などはブランデーの二、三杯もひっかけたときの方がいいものが書ける」という部分を引用する人はめったにいなかったが、六〇年代の好景気と共に我々の給料も上がり、中古のフォードコルチナを下取りに出して、オシャレな車を手に入れるようになると、当然これもあらゆる世代の広告人のスローガンになった。何と言ってもオグルヴィは、「ピーナツしか撒《ま》かないようなところへ寄って来るのは、せいぜいサルくらいのものだ」と言っているではないか。みんなこの言葉が大好きだった。

オグルヴィがターンブル＆アッサーのシャツのために作った、紫煙をくゆらすパイプの広告は、同じく彼が有名にしたハサウェイ・シャツのアイパッチの男の広告と同じくらいとんでもないでっち上げのような気がするが、イギリス人的な少々のナルシシズムとアメリカ人的な鼻っ柱の強さ、加えてあくまで自分の利益を追求する腕っこきのセールスマン魂がないまぜになったオグルヴィという愛すべきキャラクターには、誰もが魅せられずにはいられなかった。

よく引用される「九九パーセントの広告は、まったくと言っていいほど誰かに何かを売る役には立っていない」という有名な一節だけをとっても、本書の初版が出るやいなや必読書になったのも当然だ。批評家のメンケン、チャーチル、ポスター画家のサビニャック、ソ連の政治家ミコヤン、また興行師のP・T・バーナムから作家のオルダス・ハックスリーまでさまざまな人物を引用しつつ、オックスフォード大学に学んだ（ごく短期間ではあるが）このマディソンアベニューの大物は、本書によって広告をカッコいい職業にしただけでなく、史上初めて、ほとんど尊敬に値すると言える仕事にした。

豊富な逸話と格言、そして行間からにじみ出るような自信に満ち、郵便の仕分け係からクライアントに至るまで、すべての広告関係者に有益なアドバイスを与える本書の一ページ一ページには、オグルヴィ流の「掟」がふんだんに詰まっている。

パリのシェフからアーミッシュの農民へという、ヘミングウェイばりのオグルヴィ自身の経歴は、シュウェップスのCMに登場するホワイトヘッド海軍中佐同様、おそらくは大いなる粉飾の結果だろう。自らもはっきり言っているように、オグルヴィがうぬぼれのタネに事欠くことなどあるはずがなかったし、自分の会社に対する信念も絶大だったから、社名は彼の名前をとって「オグルヴィ・ベンソン＆メイザー」と名付けられた（抜け目ないオグルヴィは、民主的にそれぞれの名前のアルファベット順にしようなどという気はさらさらなかった点にご注目）。

初版から四〇年を経た今、当然ながらオグルヴィ自身の広告はいささか古びて見えるかもしれない。しかし、その幅広いアイデアは、今の我々の生活にも十分にフィットしている。「リーダーはぐずぐずせず面倒に立ち向かえ」「犬を飼っているのに自分で吠える奴がいるか？（つまり、余計な口出しはせず専門家に任せろ）」「自分より能力のある人間を雇うべし」「教会に人が来なければ、魂を救うことはできない」等々、繰り返し語られてきた彼の言葉は、シニカルさを増すこの時代において、すでに決まり文句になってしまったものも多い。

結局のところ本書の重要性は、これが広告のことだけを扱っているのではなく、どんな仕事であってもそれぞれの仕事の最先端で、人がいかに考え、行動すべきかについて書かれた本だという点にある。事実、よく引用される一節は、決して広告業界だけに当てはまるものではない。

「私は、他人を一個の人間として扱う優しい人を尊敬する。他人に文章でケンカを吹っかける人間を憎む……上司にへつらうご機嫌とりを軽蔑する。そういう輩《やから》こそ、たいてい部下には辛くあたるものだ」

野球好きのイギリス人のオグルヴィは、こんなことも言っている。

「バントをするな。場外ホームランを狙え。不滅の会社を築き上げることを目標にせよ」

広告の世界で彼にそんな会社をもたらしたのが、この小さな一冊だったのだ。

ある広告人の告白［新版］●目次

CONFESSIONS OF
AN ADVERTISING MAN

本書の裏話——新版のためのまえがき

私がニューヨークに渡って広告会社を興したのは、この本を書く一四年前のことだ。当時、アメリカ人には頭がおかしいんじゃないかと言われたものだ。スコットランド人なんかに広告の何がわかるものかと。

ところが私の会社はすぐに華々しい成功を収めた。

一九六二年の夏休みに本書を書き上げ、息子の二一歳の誕生日にその版権をプレゼントした。四〇〇〇部も売れれば上出来だと思ったが、驚いたことには楽々と大ベストセラー入りを果たし、後には世界一四ヶ国で翻訳された。今までにざっと一〇〇万部以上売れている。

そもそもなぜ本書を書こうと思ったのか。その理由は、第一に、我が社に新しいクライアントを惹きつけるためであり、第二に、株式公開に向けて市場での位置を固めるため、第三に、私自身を業界により広く知らしめるためだった。そして、本書によってこの三つの目標すべてを果たした。

もし今本書を書くとしたら、おそらく無分別なところも大言壮語も説教臭さももっと影を潜めるだろう。本書は「ああしろ」「こうしろ」「これはするな」というようなルールだらけの本だ。広告業界の人間、とくに若い人間はルールが大嫌いだ。今なら私は「黒地に白抜きで文章を書くな」とは言わない。代わりに「調査によれば、黒地に白抜きで書かれた文章は読まれないということがわかった」と言うだろう。寛容な現代社会では、この程度の如才なさは必要というわけだ。

オグルヴィ&メイザーの同僚たちは、ほぼ全面的に私の考え方に従って多くのブランドの数多の商品を売り、その結果、今や我が社は私が本書を書いた頃の六〇倍にまで大きくなった。かつてオフィスはたったひとつ、クライアントも一九社だったが、今やクライアントは三〇〇〇社、オフィスもアメリカ国内の四四を含めて、世界二六七ヶ所にのぼるまでに成長した。

見知らぬ人から、本書のアドバイスに従って劇的に売り上げが伸びたという感謝の手紙をもらうことも多い。マーケティング界の大御所から、駆け出しの頃にこの本を読んだおかげで今の自分があると言われることもある。

広告業界で働く人々を「男性」として描いたことについてはお詫び申し上げる。本書を書いた当時は、業界で働くほとんどが男性だったのだ。今では嬉しいことにそのほとんどが女性だ。

もし本書にうぬぼれの気配をかぎとる方がいるとしたら、私のうぬぼれは限られた分野においてだけであることをぜひ知っていただきたい。広告以外については、私はどうしようもない能なしなのだ。貸借対照表も読めなければ、コンピュータも使えず、スキーもヨットもゴルフも絵画もからっきしダメだ。しかし、広告ということになれば、「アドバタイジング・エイジ」誌は私を「広告業界のクリエイティブ・キング」と評したし、「フォーチュン」誌が私を取り上げた記事には、「デイヴィッド・オグルヴィは天才?」というタイトルがついていた。クエスチョンマークをつけた編集者を訴えろと弁護士に言ったものだ。

だがその後まもなく私は死火山になり、マネジメントの方へと逃げ込んでしまった。マディソンアベニューの喧噪にもうんざりしたので、フランス中部へと居を移し、庭いじりをしながら、パートナーたちにお節介なメモを雨あられと送りつけている。

私の教訓は概してリサーチに基づいたもので、ほとんどは今でも一九六二年当時と変わらず妥当なものだと思う。しかし、本書の中で訂正しなければならない部分が三箇所ある。

二一六ページで、「広告にクーポンを載せ、送られてくる率を最大にしたいなら、クーポンを一番上のど真ん中にぶち込むこと」と書いたが、これは現在では正しくない。クーポンは一番下の右側に入れること。

二二二ページで、「あるCMを好きであることと、そのCMによって実際ものを買うかどうかとの間には相関関係はない」と書いたが、最近のオグルヴィ研究開発センターのリサーチによれば、好かれないCMよりも好感度の高いCMの方が売り上げが伸びることがわかっている。

二二三ページで、TV・CMでは一分間に入れる言葉は「九〇語までにとどめるべきだ」と書いたが、現在では一分間に平均二〇〇語のCMのセールス効果がもっとも大きいことが知られている。市場の露天商が早口なのは、このことをよく知っているからだ。

また、TV・CMについて述べた8章には、今では適切ではない部分がある。これについて少々言い訳させてもらえるなら、一九六二年の段階では、TVでは何に効果があって何にはないか、まだほとんどわかっていなかった。より最近のリサーチについては、一九八三年に出版された『Ogilvy on Advertising』(『「売る」広告』誠文堂新光社)でお読みいただける。

本書では企業文化、とりわけ広告会社の企業文化については一言も触れていない。一九六二年には、私も、他の誰も、企業文化などという言葉は聞いたこともなかった。しかし今や我々は、テレンス・ディールとアレン・ケネディという経営学者たちのおかげで、「アメリカがそのおかげで名をはせることになったような企業を興した人々は皆、それぞれの組織内に強力な文化を築き上げることに腐心した。価値観を保ち、英雄をつくりあげ、儀式や儀礼を明確にし、文化的ネットワークをきちんと認識することによってアイデンティティを育んだ企業こそが優位に立つ」ということがわかっている。

この企業文化という考え方は、アメリカのみならずイギリスでもすっかり定着した。「エコノミスト」誌のフランシス・ケアンクロスは、「成功した企業に共通するのは、計画的に企業文化を築いているという点だ」と言っている。

世界屈指の広告会社の社長に、最近こんなことを言われた。「オグルヴィ&メイザーは、真の企業文化を持った世界唯一の広告会社だ」。我々を競合他社とは異なる存在にしているのは、何よりもこの一点なのかもしれない。

私が思うオグルヴィ&メイザーの文化とは、次のようなものだ。

●オグルヴィ＆メイザーのスタッフには、その職業人生のすべてを我が社で過ごす者が少なくない。我々は、職場を働きやすい環境にすることに最善をつくす。まずこの点が満たされなければならない。

●我々は、スタッフをきちんとした一人の人間として扱う。仕事や病気、アルコール依存症その他、何か問題がある場合には相談に乗る。

●それぞれの才能をフルに発揮できるよう、医学部の付属病院における研修のごとく、お金と時間を惜しまず手助けをする。

●マネジメントのシステムは非常に民主的で、お役所的ヒエラルキーや融通のきかない上下関係を好まない。

●経営幹部には、とてつもない自由と独立性が与えられる。

●我々はもの柔らかな態度の人を評価する。ニューヨーク事務所では毎年、「プロ意識と礼儀正しさを兼ね備えた人」に賞が贈られる。

●議論において、クライアントに対して、何よりも消費者に対して正直な人を評価する。

●勤勉に働き、客観的で完璧主義の人を尊敬する。

●社内の駆け引きに奔走する輩、ごますり、いばり散らす奴、尊大なだけの馬鹿者を嫌い、冷酷さを憎む。

●誰にでも出世のチャンスがある。宗教的偏見、人種的偏見、性的偏見など、いかなる偏見も許さない。

●身びいきをはじめ、どんなえこひいきも許さない。幹部職への昇進を決める際には、何よりも人格を重視する。

●クライアントに何かを提案する際は、自社の利益にはこだわらず、我々がその社を所有しているつもりで行う。ほとんどのクライアントが広告会社に求めているのは強力な広告キャンペーンだ。クリエイティブな機能を果たすことが我々の最優先事項である。

●自分の仕事にプライドを持つことと、神経質にこだわりを持ちすぎることは紙一重だ。どの広告を採用されようと、我々がクライアントを恨むことはない。金を払うのは先方なのだ。クライアントの多くは、世界各国で我が社を使っているから、どこの国の事務所でも確実に同じ水準の対応が期待できるようでなければならない。だからこそ、我々は世界中で同じ企業文化を保たなければならない。

●仕事をする国の道徳文化に反することなく、クライアントの商品を売るよう努める。

●我々は慎重さを重んじる。極秘情報を漏らすような広告会社にクライアントが感謝するはずがない。また、クライアントの成功を自分の手柄だと思い込むような広告会社が好まれるはずもない。クライアントの前にしゃしゃり出てスポットライトを浴びようというのは無礼である。

●我々は、自らの成し遂げたことに対して常に真っ当な不満を抱き、燃えるような腹立ちを覚えることを習慣にしている。これがうぬぼれに陥らないための特効薬だ。

●遠く離れた場所にある我々の事業拠点は、個人的な友情というネットワークで結ばれている。我々は全員、同じチームに属する仲間である。

●報告書や連絡は上手な文章で読みやすく、そして「簡潔に」書くべきだ。たとえば「パラダイム」だの、「脱マス化」「リコンセプチュアライズ」「部分最適化」「共生連鎖」「スプリンタライゼーション」「ディメンショナライゼーション」などといったエセ学者の戯言《たわごと》のような業界用語にはムカムカする（ノーベル物理学賞を受賞したラザフォード卿は、キャベンディッシュ研究所のスタッフに、「バーのホステスに説明してわかってもらえないような物理学などたいしたものじゃない」とよく言っていたそうだ）。

私の吐いた「名言」の中には、腹が立つほどあちこちで繰り返し使われたせいで、すでに我々の文化の一部になってしまったものもある。いくつか挙げてみよう。

「我々は売る、そうでなければ存在価値がない」

「人を退屈させておいて商品を買わせることはできない。興味を持たせて初めて、買ってもらうことができる」

「我々は無知による混乱より、知識による秩序を重んじる。豚がトリュフを探り当てるように知識を追い求めるのだ。目の見えない豚でもたまたまトリュフを見つけることはあるだろう。しかし、トリュフがオークの森に育つという知識は確実に役に立つ」

「我々は頭のいい紳士を雇う」

「消費者はバカではない。消費者はあなたの奥さんなのだ。彼女の知性をあなどってはいけない」

「グッドアイデアのないキャンペーンは、闇の中を航行する船と同じだ。誰にも気づかれることなくただ通り過ぎるのみである」(一〇〇のキャンペーンのうちのひとつにでもグッドアイデアがあるかどうかは、はなはだ疑問だ。私はグッドアイデアを豊富に考え出す一人と目されてはいるが、それでも長いキャリアの中でグッドアイデアと呼べるものは、おそらく二〇もないだろう)。

「一流のビジネスだけを、一流のやり方で」

「家族に見せたくないような広告を打つな」

「町中をくまなく探してみるがいい、委員会の銅像なんてものは、どこにも見当たらないはずだ」

さて本書は、メーカーが顧客にダイレクトメールを送って直接注文をもらうというような「ダイレクト・レスポンス」については触れていない。こうした広告を作る人間が、どの程度商品が売れるかをはっきり把握しているのに対し、いわゆる「普通の」広告や、TVのCMを作る人間の方は、そうしたことをほとんど知らないものだ。マーケティング・ミックスには、たとえば競合他社の値引きとか小売店の在庫削減など、あまりにも多くの要素がありすぎる。

面白いのは、たとえば商品についての事実情報を載せるといった、ダイレクト広告で最高に効果を発揮するテクニックが、通常の広告ではほとんど使われていないということだ。すべての広告主が「ダイレクト・レスポンス」一派の例に倣えば、もっと売り上げが伸びるはずだ。コピーライターは全員、駆け出しから二年間はダイレクト・レスポンスのコピーを書くべきだ。そういう経験をしたコピーライターかどうかは、書いたものを一目見ればすぐわかる。

広告業界の「四つの問題」について

今日の広告業界は、四つの危機的問題に直面している。

第一に、これまで常に広告業界にとって頼みの綱だった消費材製品メーカーが、今や広告予算の二倍もの金額を値引き戦略に費やしていることだ。強力なブランドを築くべく広告を打つ代わりに、値引きで大量の仕入れをしているのだ。どんなバカにだって値引きはできる。しかしブランドを築き上げるには頭脳と忍耐力が必要だ。

かつてチェース&サンボーンという有名なコーヒーブランドがあったが、これがあるときから値引き販売を始め、ついには安売り一点張りになっていった。このブランドはその後どうなっただろう。死んだも同然だ。

一九五五年にシカゴで行った私のスピーチをちょっと聴いてもらおう。

「ブランドを確立するための広告にまったく予算が割けないほど値引き戦略にはまってしまったらどういうことになるか。今こそメーカーに警鐘《けいしょう》を鳴らさなければなりません」

「不滅のブランドイメージを作り上げることこそ、ブランドを人々の生活の一部に織り込むための唯一の方法なのです。しかし値引き戦略では、そんなイメージを築き上げることは不可能です」


ロンドン・ビジネス・スクールのアンドリュー・アーレンバーグは、今日のマーケティング界きっての知恵袋の一人だが、彼によれば、安売りをすると、人々は一度はそのブランドを試しはするが、すぐに何事もなかったようにいつものブランドに戻ってしまうという。

なぜこんなにも多くのブランド・マネージャーたちが、値引き戦略に淫してしまうのだろう？　その理由は、彼らの雇い主が、次の四半期の利益にしか関心を示さないからだ。彼らにとっては、会社の将来よりも自分のストック・オプションの方が大事なのだ。

値引き戦略は麻薬のようなものだ。値引き中毒患者のブランド・マネージャーに、安売りの狂乱が一段落した後マーケット・シェアがどうなったか聞いてみるがいい。きっと話題を変えてしまうだろう。それから、安売りのおかげで自分の実入りが増えたかどうかも聞いてみるといい。やっぱり話題を変えてしまうだろう。

マーケティング担当者が先輩の築いたブランドを引き継ぐと、たいていそんなもののことは忘れ去ってしまう。早晩彼らは、誰も耳にしたことのないブランドなど売り込む術がないのを思い知るだろう。ブランドはトウモロコシの種だ。彼らは種まき用のトウモロコシを食ってしまっているわけだ。

値引き戦略に走るまぬけどもはまた、広告会社に対する支払いをケチる傾向にある。こうしたクライアントは、望遠鏡を逆さに眺めているようなものだ。たかだか一五パーセントばかりの広告会社への支払いを値切るくらいなら、時間と場所にかける八五パーセントからの売り上げを伸ばす方に神経を集中させるべきではないか。そここそが力の入れどころなのだ。広告会社に対する支払いをケチって大儲けしたメーカーはひとつもない。ピーナッツしか撒かないようなところへ寄って来るのは、せいぜいサルぐらいのものだ。

第二の問題は、今や、とくにイギリス、フランス、アメリカの広告会社には、広告とは前衛的な芸術形式であると思っている輩がはびこっていることだ。そういう輩は、これまでにただの一度も自分で何かを売ったことなどありはしない。カンヌ映画祭で賞をとりたいというのが奴らの夢だ。奴らは、年間何百万ドルという予算を注ぎ込む気の毒なクライアントをたぶらかして、自分のオリジナリティを披露するチャンスを手に入れる。自分が宣伝する商品には関心を持たず、しかも消費者も自分と同じだと思い込んでいるから、商品の美点を述べることもほとんどない。そうした輩はエンターテイナーと呼ばれるのが関の山だが、だとしてもお世辞にも上等とは言えない。

奴らの多くはアート・ディレクターで視覚にばかり頼る傾向があり、自分でものを読むことは皆無なので、彼らの手を経て私が書いたコピーが消費者に読まれるチャンスもつぶされてしまう。最近出席した昼食会で、怒り心頭に発したメーカーの人間が、そういう独善的な阿呆どものことを「きどったカマ野郎」と言うのを耳にした。学歴だけを見れば、私もそうした輩の一人になっていてもおかしくなかったところだ。私がそうではないのは、五年間台所用ガスレンジの訪問販売を経験したからである。一度でもセールスを経験すれば、セールスマン魂は生涯抜けないものだ。

第三の問題は、「創造的であるよりも、ともかく金が第一」という誇大妄想狂の出現だ。こうした輩は、他の広告会社を買収して巨大帝国を築き上げ、クライアントの方は腰を抜かすことになる。

第四の問題は、広告会社がいまだに同じ間違いを繰り返して、クライアントの予算を無駄使いしていることだ。黒地に白抜きの文字で書かれている印刷物は読みにくいということが調査でわかってからもう何十年も経っているのに、最近見たドイツの雑誌のある号では、なんと四九もの広告が同じ間違いをしでかしていた。

列車で一〇時間もの旅をする機会があったので、雑誌三誌の広告に目を通してみたら、ほとんどが、もう何年も前に発見され、本書にちゃんと書いてある基本的な原則を破っている。こんなものを作るコピーライターやアート・ディレクターはド素人としか言いようがない。どうして経験から学ぶことができないのだろう？　広告業界には探究心のある人間は来ないということか？　ちょっとでも科学的な手法を理解する頭がないのか？　知識を身につけると決まりごとに従わざるを得なくなるとでも思っているのか？　それとも無能を露呈するのが怖いのか？

私の遺言

私は、プリンストンの偉大なるギャラップ博士の下での研究から職業人としての一歩を踏み出し、その後コピーライターになった。私の知るかぎり、研究畑出身で有能なクリエイターになったのは私だけだ。結果として私は、研究者としての客観的な目でクリエイティブな機能を観察してきたのだが、それでわかったもっとも重要な教えはこんなことだ。

①成功する広告を作るのは技術である。インスピレーションもまったくいらないとは言わないが、ほとんどは技術と努力にかかっている。もし、あまり才能はないが、レジ際で本当に効果を発揮するのがどういうテクニックかを知っているなら、あなたは間違いなく成功する。
②ものを売る代わりに人を楽しませたい、という誘惑は疫病だ。
③あるＣＭと他のＣＭとの差は、売り上げという点から見ると、一九対一にもなるほど大きい。
④広告を書く前に、その商品について知ることは必ず役に立つ。
⑤成功のカギは、たとえばもっと美味しいとか、より洗い上がりが白くなるとか、もっと燃費がいいとか、顔色がよくなるとかいうふうに、消費者に利益を約束することだ。
⑥広告の役目は、ほとんどの場合、その商品を試すよう消費者を説き伏せることではなくて、同じ商品群の中の他の商品に比べて、より頻繁に使ってもらうようにすることである（マ

ーケティングのエキスパート、アンドリュー・アーレンバーグ博士に感謝）。
⑦ある国でうまくいったことは、ほとんどの場合他国でもうまくいく。
⑧雑誌の編集者は、広告屋よりもコミュニケーションがうまい。彼らのテクニックをまねるべし。
⑨キャンペーンのほとんどは複雑すぎる。目標がいくつもあり、何人もの重役たちの異なる意見をなんとか擦り合わせようとしているからだ。あまりにも多くのことを実現しようとすると、結局は何もできない。そういう広告は、まるで委員会の議事録のようだ。
⑩女性向け商品の広告を男性に書かせるな。
⑪よいキャンペーンは、長年にわたってセールス力を落とさず使い続けることができる。私がハサウェイ・シャツのために作ったキャンペーンは、二一年間も使われ続けた。ダヴ石鹸のキャンペーンは三一年間続いているが、今やダヴはベストセラーだ。

一度セールスマンをやれば、セールスマン魂は生涯消えないのだ。

一九八八年　　デイヴィッド・オグルヴィ

まえがき

子どもの頃私は、ロンドン近郊のギルフォードという街の、かつてルイス・キャロルが住んでいた家で育った。尊敬していた大好きな父は、スコットランド高地の生まれでゲール語を話す古典学者、神はもしかしたら存在するかもしれないけれど、たぶんそれを知ることはできないという不可知論を断固として信奉していた。

ある日、私がひそかに教会に通うようになったのを知って、父はこう言った。

「どうしておまえはあんなバカげた寝言を聞いてられるんだ？　教養ある人間のすることじゃないぞ。紳士らしくきちんとしたふるまいをするのに、クリスチャンである必要はないじゃないか！」

母は美人でエキセントリックなアイルランド人だった。成人した私が分不相応なほど金を稼ぎそうだとわかると、もう援助する必要はないという理由で、私を勘当した。不服は言えなかった。

私は九歳で、ロンドンの南東、イーストボーンにある貴族階級の子弟が通う恐るべき寄宿学校に入れられた。校長は私についてこんなことを書いている。「まぎれもなく独創的な精神の持ち主。教師と議論しては、自分こそが正しく、本に書いてあることの方が間違いだと思い込ませようとする。しかしこれも、彼の独創性の証であろう」

いつだったか、「ナポレオンはオランダ人だった可能性がある、なぜならばナポレオンの兄はオランダ国王だったからだ」と言ったときには、校長の奥さんに晩飯抜きでベッドに追いやられた。「間違いの喜劇」を上演したときには、女子修道院長役の衣装を着せてもらっている間に、校長の奥さんのお気に召さないような誇張を加えて幕開きの台詞を暗誦したものだから、いやというほどほっぺたをつねられて床に叩きつけられた。

一三歳になると、スコットランドのフェテス校に入学した。この学校のスパルタ式教育は、私の大叔父で、古今を通じて最大のスコットランド独立推進擁護者であった最高法院長イングリスによって確立されたものだ。この素晴らしい学校で知り合った仲間の中には、保守党の大物イアン・マクラウド、イギリスの閣僚となったナイアル・マクファーソン、元イギリス首相マクミランの議会秘書官になったノックス・カニンガム、その他将来国会議員になった者など、錚々《そうそう》たる顔ぶれが揃っていた。中でも忘れられないのは、コントラバスを弾くことを勧めてくれたスコットランド王立音楽アカデミーの校長ヘンリー・ハーバガル、それから私に歴史を教えている頃に『1066 and All That』を書いたウォルター・セラーだ。

オックスフォード大学ではしくじった。歴史学者のキース・フィーリングが奨学金をくれたり、パトリック・ゴードン・ウォーカーやロイ・ハロッド、A・S・ラッセルといった大先生方に目をかけてもらったのに、私ときたら勉強以外のことで頭がいっぱいで、当然ながら大学から蹴り出されてしまったのだ。それは一九三一年、世間は不況のどん底だった。

それから一七年間というもの、友人たちが医者や弁護士や官僚、あるいは政治家としての地歩を着々と固めている間、私はこれといった目的もないまま世界中を冒険してまわった。パリでコックをやったかと思えば、訪問販売のセールスマンもやった。エジンバラのスラムで民生委員をしたり、ギャラップ博士の映画産業に関するリサーチに協力してみたり、英国安全保障調整局でサー・ウィリアム・スティーブンソンのアシスタントを務めたりもした。ペンシルヴェニアでは農業もやってみた。

少年時代に首相のロイド・ジョージに憧れた私は、大きくなったらイギリス首相になるつもりだった。代わりに、とうとうマディソンアベニューで広告会社を経営するようになったが、今や一九社ある私のクライアントの利益を全部足すと、英国政府の歳入を超えるまでになった。

かつて、風刺作家のマックス・ビアボームが、劇作家のS・N・ベールマンにこう言ったそうだ。「もし私に巨万の富があったら、主だった新聞全部に大々的に広告キャンペーンを打ちたいね。広告にはたった一行だけ、太い字ででかでかとこう書く。ある夫が妻に言っていたのを聞いたんだがね、『この世に買う価値のあるものなんか何にもない』って言うんだ」

私の立場はこれとは正反対だ。私は宣伝されているものならほとんど何でも買いたくなる。父は、広告ですごくいいと言っていた製品のことをよく話題にしたものだ。私は広告で商品を「すごくいいと言う」ことに生涯を費やしてきた。皆さんには、私が宣伝することで感じているのと同じくらい大きな喜びを、その商品を買うことで味わっていただきたいものだ。

本書は、古くさい一人称単数の「私」を主語にして書いた。今のアメリカのマナーには反するが、「私自身」の罪を告白し、「私個人」の冒険について書くのに、「私たち」と言うのは、やはりわざとらしいのではないだろうか。


マサチューセッツ州イプスウィッチにて　デイヴィッド・オグルヴィ

1

広告会社の経営手法

広告会社を経営するということは、研究所や雑誌社、建築事務所、大レストランの厨房など、創造性を求められる他の組織を経営するのによく似ている。

三〇年前、私はパリのホテル・マジェスティックのコックだった。パヴィヨンのアンリ・スーレに聞いたところによれば、おそらくここは数あるレストランのうちでも最高の厨房だそうだ。

厨房では三七人のコックが、まるで修行僧のように週に六三時間も働いていた。労働組合などなかった。朝から晩まで汗だくで、悪態をついたり叫んだりしながら調理を続けた。みんな、誰よりも優秀なシェフになりたいというたったひとつの望みに突き動かされていた。我々は海兵隊も顔負けのチームワークを誇っていた。

料理長のムッシュー・ピタールは、この熱烈な士気をどうやって我々に吹き込んでいたのか。それがわかれば、広告会社の経営にも同じやり方が生かせるはずだ。

超一流の料理長から学べること

第一に、ピタール料理長はずば抜けたコックで、誰もがそれを認めていた。たいていはデスクでメニューを作ったり、勘定書を丹念にチェックしたり、仕入れの注文を出したりしていたが、週に一度は調理場の真ん中をガラスで仕切った自分のオフィスから出てきて、実際に料理を作ってみせた。我々は料理長のまわりに集まり、その名人芸をうっとりと見つめた。一流の師匠のもとで働くと、やる気をかき立てられずにはいられないものだ（ピタール料理長の例に倣って、私も自分の腕がまだなまっていないことをうちのコピーライター連中に知らしめるために、今でも時おりコピーを書いている）。

ピタール料理長は圧政を敷いていたので、我々はいつもピリピリしていた。彼はいつも、その威厳を象徴するガラス仕切りの中に座っていた。何かヘマをしでかすたびに、料理長に見とがめられていないかとそっちにこっそり目をやったものだ。

コピーライターと同じで、恐ろしいプレッシャーのもとで働いているコックという人種も、どうもケンカっ早い傾向がある。ボスがもっとのんびりした性格だったら、仲間内の競争が暴力にまで発展することもなかったのかもしれないが――。

ソース専門のコック、ブルギニョン氏は、「コックは四〇前に死ぬか、気が狂うかどっちかだ」と言っていた。ある夜、ポタージュ係のコックが調理場のむこう端から私の頭めがけて生卵を四七個も投げつけてきて、そのうち九個が見事に命中し、彼の言葉が身にしみてよくわかった。ポタージュ係のスープ鍋から、ごひいき客のプードルにやる骨をちょいちょい失敬していたことに、ついに堪忍袋の緒が切れたらしかった。

菓子職人も負けず劣らずエキセントリックな男だった。彼は毎晩、コック帽の中に鶏を一羽隠し持って調理場を出た。休暇の前には、彼の股引きの中に桃を二ダースも詰め込む手伝いをさせられた。しかし、イギリス国王と女王陛下がベルサイユ宮殿で公式晩餐会を催されたとき、フランス中の菓子職人の中から選ばれたのがこの破天荒な天才で、彼が王様と女王様のために砂糖菓子の飾りかごとプティ・フール・グラッセを作ったのだった。

ピタール料理長はめったに人を誉めない人だったので、たまに誉められたときには天にも昇る心地になったものだ。フランス大統領がマジェスティックで晩餐会を開いたときなど、厨房はこれ以上ないほど張りつめた雰囲気になった。

そんな忘れがたいあるときのこと、蛙のもも肉にショーフロワ・ソースをかけ、それぞれにチャービルの葉を飾る作業をしていた私は、突然、料理長がそばに立って私の手元をじっと見ているのに気づいた。緊張のあまり膝はガクガクし、手も震えだした。料理長はパリッと糊のきいたコック帽から鉛筆を取り出して振った。全員集合の合図だ。皆が集まると、料理長は蛙の脚を指し、静かな声でゆっくりとこう言った。「こういうふうにやらなくちゃいかんのだ」。その一言で、私は一生彼の奴隷になってもいいと思った（ピタール料理長に倣って、私もめったにスタッフを誉めないことにしている。たまに誉められる喜びをより強烈に感じてほしいからだ）。

ピタール料理長は我々に、「機を捉える」とはどういうことかを教えてくれた。ある夜、私がリキュールを三種類使ったスフレ・ロスチャイルドをこしらえたときに、料理長は私を上階のダイニングルームのドアの前まで連れて行き、それを召し上がるポール・ドゥメ大統領の姿を見せてくれた。その三週間後の一九三二年五月七日、大統領は死んでしまった。もちろん私のスフレのせいではない。狂ったロシア人に撃たれたのだ（我が社のスタッフも同じように、すわ一大事という事態になると、大いにスリルを楽しんでいるようだ。危機的状況で徹夜仕事をしたりすると、その後数週間は大いに士気が高まる）。

ピタール料理長は無能な輩には容赦がなかった。能のないシロウトと一緒に働くと、プロはやる気をなくしてしまうことが彼にはよくわかっていたのだ。ひと月に三人の菓子職人を同じ理由でクビにしたこともある。ブリオッシュを全部同じように膨らますことができなかったのだ。「総理大臣に何より必要な才能は、人をぶった切る腕前だ」と言ったグラッドストーン首相なら、こんな非情なやり方に拍手喝采することだろう。

料理長はまた、一流のサービスとはかくあらねばならないという基準の途方もない高さを教えてくれた。一度など、私がウェイターに「本日の特選料理はもう終わったよ」と言ったのを料理長に聞きとがめられ、あやうくクビにされそうになった。一流の厨房では、メニューに書いてあるものはどんなときにも必ず出せるようでなければならないと言うのだ。

しかし私は、件《くだん》の特選料理にはあまりにも時間がかかるので、これから改めて作るのを待ってくれるお客さまなんていないだろうと言った。あれは、チョウザメの脊髄《せきずい》とセモリナ粉のカーシュ、スライスしたサーモン、マッシュルーム、オニオンと米をブリオッシュ生地で巻き込んで五〇分間焼き上げる我が厨房の名物煮込み料理クーリビャック・ド・サーモンだっただろうか？　それとも、シャンパンで煮たヤマシギの内臓のピュレを詰めてショーフロワソースをかけ、肉汁のゼリーで固めたエキゾチックなケロリーエクレアだっただろうか？　ずいぶん昔のことで忘れてしまったが、ピタール料理長にこう言われたことだけは今でもはっきり覚えている。

「今度、本日の特選料理を切らしたときは俺に言え。ホテルというホテル、レストランというレストランに電話して、同じメニューを出しているところを必ず探し出してみせる。おまえはタクシーをつかまえて、どこにあろうがその店まで材料を取りに行け。ウェイターに何かが切れたなんてことは、金輪際、口が裂けても言うんじゃない」（今日、オグルヴィ・ベンソン&メイザーの誰かが、約束の期日までに広告やTV・CMができないなどと言うのを耳にした暁には、私は激怒する。たとえどんな苦労や残業を強いることになろうとも、一流の会社では、約束は常に守られるのだ)。

ピタール料理長のもとで仕事をするようになってまもなく、父も先生も教えてくれなかった倫理的問題にぶつかった。食材担当コックが、腐臭を放つ生の仔牛の膵臓《すいぞう》をソース担当コックのところに持って行けと言ったのだ。こんなものを食べたら、生命の危険にさらされるだろうというほどの臭いだった。だが、ソースをかけてしまえば臭いはごまかされ、お客さまはきっと知らずに食べてしまう。食材担当コックに抗議したが、黙って言われたとおりにしろと言われた。新鮮な仔牛の膵臓を切らしたことがピタール料理長に見つかれば、こっぴどい目に合わされるのがわかっていたからだ。

さあ、どうすべきか？　私は告げ口は恥ずべきことだと言われて育った。しかし、このときはその禁を破った。腐臭のする膵臓をピタール料理長のところに持って行き、嗅いでみてほしいと言ったのだ。料理長は一言も口をきかずに食材担当コックのところに行くと、その場でクビを言い渡した。このロクデナシは、すぐさまそこを出て行かねばならなくなった。

ジョージ・オーウェルは『パリ・ロンドン放浪記』(岩波文庫)で、フランスの厨房の汚さを世界に知らしめた。だが、オーウェルも一度マジェスティックで働いてみればよかったのだ。ピタール料理長は厨房を清潔にしておくことに非常にやかましかった。肉貯蔵室の木製の調理台は、日に二回、よく研いだカンナで削らなければならなかったし、床も日に二回ゴシゴシと磨かれ、きれいなおがくずが撒かれた。週に一度はゴキブリ駆除をし、毎朝全員に清潔な制服が配られた(今日私は、オフィスの整理整頓をスタッフにやかましく言っている。身のまわりが乱雑だと雰囲気がだらけ、極秘書類を紛失するということにもなりかねないからだ)。

我々コックの給料はとても安かったが、ピタール料理長は出入りの業者からの歩合がたくさん懐に入ったので、お城のような邸に住んでいた。料理長は、自分が金持ちであることを我々から隠すどころか、タクシーで厨房に乗りつけ、ゴールドの握りのついたステッキを携え、休みの日には世界的な大銀行の頭取もかくやといういでたちをして見せた。料理長の特権をこれ見よがしに見せびらかされたおかげで、いつか彼のようになりたいという気持ちがいやがうえにも高まるのだった。

いまだに不朽の名声を誇るオーギュスト・エスコフィエも、ピタール料理長と同じ考えだった。第一次世界大戦前、エスコフィエがロンドンのカールトンの料理長だった頃、彼はグレイのフロックコートにシルクハット、四頭立て馬車でダービーに向かったそうだ。我々マジェスティックのコック仲間の間でも、エスコフィエの『エスコフィエフランス料理』（柴田書店）はいまだに圧倒的権威を持っていて、レシピについて議論になるたびに、この本に最終的な審判をあおぐのが常だった。エスコフィエが亡くなる直前に、隠居生活から抜け出して、我が厨房の昼食会に来てくれたことがある。その姿はまるで、ブラームスがオーケストラの団員と昼食をとっているかのようだった。

ランチの間でもディナーの間でも、ピタール料理長は我々コックがウェイターに皿を渡すカウンターに陣取り、皿が厨房を離れる前に、一つひとつの皿を念入りにチェックした。ときには皿をコックに突っ返して、もう一手間を命じることもあった。また、いつも「多すぎる！」と言って、盛りつけすぎを注意された。彼はマジェスティックの儲けを気にしていたのだ（今の私は、クライアントに提出する前にすべてのキャンペーンをチェックする。もっと手を入れろと言って突っ返すものも多い。儲けに対する情熱も、ピタール料理長と同じだ）。

ピタール料理長の指揮の中でも、何よりも私に強烈な影響を与えたのがその勤勉さだろう。私など、当時週に六三時間も灼熱のオーブンの上に屈み込んでいると、たった一日の休みには原っぱに寝転んで一日中空を見上げて過ごさなければならないほど疲れ果てたものだ。だがピタール料理長は、なんと週に七七時間も働いたうえ、休みは二週間に一度だけだった（これはほぼ今の私のスケジュールと同じだ。私がスタッフよりも長時間働けば、スタッフも残業をそんなに苦にしないはずだからだ。最近うちの会社を辞めたある重役は、辞表にこんなことを書いていた。「あなたは自ら率先して宿題をやるということの手本を示してくれました。土曜の夜、あなたがお宅の窓際の机で身じろぎもせず仕事をしているのに、隣の庭で四時間もどんちゃん騒ぎをするというのは、なんとも決まりの悪かったものです。こういう話は津々浦々に広まるものです」）。

他にもマジェスティックで学んだことがある。それは、自分がお客さまにとってかけがえのない存在になれば、決してクビにはならないということだ。

当時マジェスティックで最高の客は、七部屋をぶち抜いたスイートを借りていたアメリカ人女性で、毎食焼きリンゴを食べるというダイエットを実践していた。ある日彼女は、皮が美味しそうにハジけたリンゴを出さなければ、リッツに移ると言って我々をおどした。そこで私は、リンゴ二個の芯を取り去って果肉を裏ごしし、二個分の果肉を一個の皮の中に詰めて焼くという手法を編み出した。こうすると、これまで見たこともないほどグラマラスで美味しそうな焼きリンゴができるのだ（その分、思いも寄らないようなカロリーにもなっていたのだが）。すると上から「このリンゴを料理しているコックには、終生シェフの職を保証する」というお達しが来た。

この頃の一番の親友は、人気者の法律家、故チャールズ・C・バーリンガムに瓜二つの初老の会計係だった。彼は、エドワード七世がマキシムでの友好協定会議でマグナムビン二本を空にした後、荘厳かつ宙を漂うように四輪馬車に向かって歩道を歩いていたのを見たという思い出を何より大事にしていた。この友人は共産主義者だったが、そんなことを気に留める者は誰もいなかった。それよりも、私の国籍の方がよっぽど面白がられた。フランスの厨房にスコットランド人がいることの珍しさは、マディソンアベニューにスコットランド人がいるのといい勝負だ。先祖のスコットランド高地人の話をすると、仲間のコックたちに「野蛮人」と呼ばれるようになった。

「スタッフに求めること」と「自らに課すこと」

マディソンアベニューに来ると、私はさらに「野蛮人」になった。広告会社の経営は楽しいことばかりではない。一四年間やってみて、ここでトップに立つ人間は、何にも増して重要な責任をひとつ果たさなければならないという結論に達した。それは、創造性にあふれる一匹狼が人の役に立つ仕事のできる環境を整えるということだ。その難しさを、精神分析学者のウィリアム・メニンガー博士は、並外れた洞察力でこんなふうに表現した。

広告会社を成功させるには、創造的な人間を集めなければなりません。ということは、おそらくは非常に神経質で頭がよくエキセントリックな反逆児がたくさん集まることになるでしょう。

医者のほとんどがそうであるように、あなたも一日二四時間、土・日も気の休まる暇がないでしょう。広告会社の経営者に常にかかるこうしたプレッシャーは、肉体的にも精神的にもたいへんな犠牲を強いるものです。このプレッシャーを、経営者は経理担当重役や現場の管理者に押しつけ、彼らはそれをまたクリエイティブチームに押しつける。そして何よりも、クライアントからのプレッシャーが、彼らにもあなたにものしかかってくるのです。

広告会社で働く人間特有の問題は、誰が先に厚遇を受けるか、誰が先にアシスタントを持つか、誰が先に昇給するかを、お互い同士が虎視眈々《こしたんたん》と見守っているということです。これは何も、本当にどうしても厚遇されたいとかアシスタントがほしいとか昇給したいとかいうことではなくて、重要なのは「親父に認められる」という感覚なのです。

いきおい経営者は「親父的」にならざるを得ません。子どもたちにとっても仲間にとってもよい「親父」であるためには、思いやりがあってよく気がつき、人間味と愛情にあふれた人柄が要求されるのです。

広告会社を始めた当初は、私も従業員全員と和気あいあいと働いていたものだ。コミュニケーションをとるのも心を通わせるのもわけはなかった。しかし会社の規模が大きくなると、それもなかなか難しくなった。顔を見ても私だとわからないような人間に対して、どうして親父役が務まるだろう。

現在我が社には四九七人の男女が働いている。そのそれぞれに、だいたい一〇〇人ほどの友達がいる。合計四万九七〇〇人の友達だ。私が、我が社が何をやっているか、何を信じ、どうなりたいと望んでいるかをスタッフ全員に話せば、四万九七〇〇人の友達にそれが伝わるだろう。そうすれば、オグルヴィ・ベンソン&メイザーには四万九七〇〇人の応援団ができるということだ。

というわけで私は、年に一度、近代美術館の大ホールに全員を集めて、我が社の経営状態や利益その他に関して率直に報告する。それから、私がどんな行動を重んじるかについて、次のように語る。

①私は一所懸命働き、困難に耐える人間を尊敬する。自らの役割を果たさない、ただの足まといは大嫌いだ。十分な仕事をしないよりも、働きすぎくらいの方が楽しいものだ。よく働くということには、経済的な理由もある。より勤勉に働けば、従業員数もより少なくてすみ、より収益を上げられる。より収益を上げられれば、我々みんなの懐に入るお金もより多くなるというわけだ。

②私は一流の頭脳を持った人間を尊敬する。聡明な人間がいなくては、一流の広告会社は成り立たない。しかし、頭がいいだけでは駄目だ。一流の頭脳に加えて、知的に誠実であることが不可欠なのだ。

③身内の人間を雇わないというルールは絶対に破ってはならない。親類縁者や配偶者を雇うと派閥ができてしまうからだ。社内で結婚した場合、一方（子どもの世話を考えて、望むらくは女性の方）に辞めてもらう。

④私は心から楽しんで働く人を尊敬する。もしこの仕事が楽しくないのなら、頼むから他の仕事を探してもらいたい。スコットランドにこんなことわざがある。「生きているうちは楽しめ、死の時は長いのだから」

⑤私は上司にへつらうご機嫌とりを軽蔑する。そういう輩こそ、たいてい部下には辛くあたるものだ。

⑥私は自信に満ちたプロフェッショナル、自らの仕事を完璧に行う職人を尊敬する。そういう人間は仲間の専門に敬意を払い、他人の領域を侵すことはない。

⑦私は自らの跡を継げるような優秀な人間を部下に選ぶ人間を尊敬する。追い落とされるのではないかという不安から、自分より劣った人間を部下に選ぶ人間は哀れだ。

⑧私は部下を育てる人間を尊敬する。これこそが組織の内部から人間を昇格させられる唯一の方法だからだ。重要な任務のために社外から人を見つけてこなければならないなど忸怩《じくじ》たる思いがする。こういうことが必要でなくなる日が一日も早く来ることを願っている。

⑨私は、他人をちゃんと人間として扱う優しい人を尊敬する。ケンカっ早い人間は大嫌いだ。他人に文章でケンカを吹っかけるような人間を憎む。平和を保つのに一番いいのは、率直であることだ。ブレイクの詩を思い出してみてほしい。

私は友人に腹を立てていた。
怒っていることを告げると、怒りは消えていった。
私は敵に腹を立てていた。
怒っていることを告げないでいると、怒りはますます募った。

⑩私は、仕事の締め切りを守る、計画的な人を尊敬する。ウェリントン公爵は、机の上の仕事をすべてやり終えるまで、決して家に帰ることはなかったそうだ。

私がスタッフに何を望むかを述べた後、今度は私が自らにどんなことを課しているかを話す。

①私は公正で毅然とした態度をとるよう心がけている。人にあまり支持されないような決断も怖じ気づくことなく下し、安定した雰囲気を作り、自分がしゃべるよりも人の意見を聞くように努める。

②この広告会社が、勢いや湧き立つような興奮やバイタリティ、そして常に前へ進もうとする力を決してなくさないよう努める。

③新しい取引先を増やして、広告会社の地盤を確固たるものにするよう努める（このあたりで、目を上げてこちらを見る我が観衆の顔を見ると、まるで父鳥がエサをくれるのを待っているヒナたちのような気がしてくる）。

④私はクライアントの最高の信頼を勝ち得るよう努力する。

⑤皆が歳をとって貧乏することがないように、十分な収益を上げるよう努める。

⑥はるか未来のことまで考慮して会社の方針を決める。

⑦あらゆるレベルにおいて最高の人材を雇い、広告業界で最高のチームを築き上げる。

⑧ここで働く全員から最高の能力を引き出すよう努める。

広告会社を経営するには、バイタリティも必要だし、敗北を喫した後でも自らを奮い立たせられる回復力も必要だ。忠実な部下に愛情を注ぎ、ささいな欠点には目をつぶるだけの度量もいる。仲間内の反目を収める才能、大きなチャンスを見逃さない確かな目、それに品格も欠かせない。広告会社のリーダーが日和見主義的な行動をとったりすれば、そこで働く人間の士気は深刻なダメージをこうむってしまうだろう。

しかし広告会社の経営者として何よりも大事なのは、権限を適切に委譲することだ。これは口で言うのは簡単だが、実行は難しい。入院患者が医者の代わりに医学生に担当されるのをいやがるのと同じで、クライアントは自分たちの仕事が経験の浅い担当者に任せられるのをいやがるからだ。

私の見るところ、大きな広告会社では権限委譲が行きすぎているところもあるようだ。そういった広告会社では、トップは完全に経営管理に専念してしまい、クライアントとの直接交渉はすべて若い者に任せてしまっている。こうしたやり方をすれば、なるほど会社は大きくなるだろうが、せいぜい並程度の仕事しかできないはずだ。

私には大きな組織でつまらぬお役所仕事を仕切る趣味はない。だからこそ、うちの会社には一九しかクライアントがいないのだ。最高の仕事を追求することは、会社を大きくしようとするのに比べれば確かに儲からないが、得られる満足感は比べものにならない。

権限委譲をする場合、多くは広告会社のボスとスタッフの間に現場監督を置くということになる。こういう場合スタッフは、母親の手から引き離されて無情な乳母のこっぴどい扱いに耐えるという気分になりがちだ。しかし、実は乳母の方が私よりも我慢強く、与《くみ》しやすく、専門的ですらあることを知って、ほっと安堵することになる。

優れた人材を確保する法

広告会社の長として私が成功するか失敗するかは、すべて、素晴らしい広告キャンペーンを作りだすことのできる熱意あふれる人間を探し出せるかどうかという一事にかかっている。今や創造力は心理学者にとって不可欠の研究テーマだ。もしクリエイティブな人間を見分ける方法がわかれば、ぜひその心理テストの方法を教えてもらって、優秀なキャンペーンリーダーとして仕込めそうな若者たちに試してみたいものだ。

カリフォルニア大学人格評価研究所のフランク・バロン博士は、この方面で有望な研究をしている。博士の結論は、私の観察ともぴったり一致している。

●クリエイティブな人間は並外れて観察力が鋭く、平均的な人間に比べて、とくに正確な観察（自分に正直であること）を重視する。

●彼らは真実の一面のみを表現することも多いが、その場合も、それを生き生きと描き出してみせる。彼らが表現するのは、往々にして人が見過ごしている部分である。強調する点を変えたり、一見不釣り合いな表現によって普通は人が気づかない部分を探り当てる。彼らも人と同じようにものを見るが、同時に人とは異なる見方をすることもある。

●彼らは生まれつき人並み優れた頭脳を持っている。多くのアイデアを同時に頭の中に保ち、アイデア同士を比較することができるので、より豊かな統合力を発揮することが可能なのだ。

●彼らは生まれつき抜群の活力を持ち、精神的にも肉体的にも人並みはずれたエネルギーを発揮することができる。

●したがって、彼らの宇宙は複雑であり、また複雑な人生を送ることが多い。

●彼らは、ファンタジーや幻想、想像の世界といった無意識の世界との接触が多い。

フランク・バロン「The Psychology of Imagination（想像の心理学）」サイエンティフィック・アメリカン／一九五八年九月号

バロン博士とその仲間の研究者が客観的な観察から正規の心理テストを導き出すのを待っ

ている間に、私の方は昔ながらの経験則に基づくテクニックによって、クリエイティブな原動力となる人間を見つけ出さなければならない。

私は目を奪われるような広告やTV・CMを見るたびに、誰が作ったのかを探しあて、電話をかけ、素晴らしい仕事に対してお祝いを言う。クリエイティブな人間は、よその広告会社よりもオグルヴィ・ベンソン&メイザーで働きたいと思う率が統計的に高いので、私の電話はそのまま、うちで仕事をさせてほしいという求職話になってしまうことがしょっちゅうだ。

そういう場合私は、これまでに作った中で一番いいと思う広告やCMを六本送るように言う。こうすることで、その人間が本当によい広告を見分ける目を持っているかどうか、もしくはデキる上司の使いっ走りにすぎないのかが判断できる。ときには〝敵〟の家に押しかけることもある。家の中に入って一〇分もすれば、その人間が豊かな心を持っているかどうか、センスはどうか、強烈なプレッシャーをしのいでいけるくらい幸せかどうかがわかる。

我が社には、毎年何百という求職願いが来るが、中でも私は中西部の人間に興味がある。ファッショナブルなマディソンアベニューの広告会社から逃げ出したがっている高給取りよりも、アイオワ州デモインの田舎出の野心ある若者の方がずっといい。冷酷なほど間違いを犯さず、度しがたいほどつまらない、マディソンアベニューで大きな顔をしてきたような輩を見ると、ロイ・キャンベルの「ある南アメリカの小説家について」を思い出す。


彼らがものを書くときの、揺るぎない自制心は素晴らしい。

もちろん私だってそう思う。

彼らは勒《くつわ》をうまく使いこなしている。

でも、肝心の馬はどこにいるんだ?


私は西ヨーロッパ出身の候補者にも注目する。我が社随一のライターの何人かはヨーロッパ出身者だ。教養もあり、よく働き、しきたりにもとらわれず、アメリカの消費者に対してより客観的なアプローチをする。

広告は「言葉」のビジネスなのに、広告会社にはものを書けない人間がうじゃうじゃしている。広告が書けないだけでなく、企画すら書けないのだから始末に負えない。

広告会社にしろクライアントにしろ、今日、広告に携わる人間の多くが古くさい考え方にとらわれているのは非常に残念なことだ。ビジネス界は目を見張るような画期的な広告を待ち望んでいるにもかかわらず、そういうものを作りだせる人間のことは冷たくあしらう。広告が恐ろしくつまらないわけだ。ロード&トーマス社を率いたアルバート・ラスカーは、ジョン・E・ケネディやクロード・ホプキンス、フランク・ハマートといったずば抜けたコピーライターたちのタチの悪いふるまいを許すことができたからこそ、広告で五〇〇〇万ドルも儲けることができたのだ。

今日のマンモス広告会社の中には、人づきあいがうまいというだけでトップに登りつめた第二世代の管理者が経営しているところもある。しかし、おべっか使いに強力な広告キャンペーンを作りだすことはできない。現代的な広告会社の組織は洗練されてはいるが、そこで作られる広告自体は、往年のラスカーやホプキンスの未熟な時代ほども結果を出していないというのは悲しむべき事実だ。広告界は大量の新しい血、新しい才能を必要としている。そういう才能は、人と違うことをやるのを辞さない反逆児や反体制派の中から見つかるものだ。

先日、シカゴ大学に招かれて、「クリエイティブな組織」についてのセミナーで講演をした。出席者のほとんどは、「クリエイティビティ」と呼ばれるものの研究が専門の博学な心理学の教授ばかりで、私は産婦人科医の学会に呼ばれた妊婦のような気分だったが、実際に七三人のライターやアーティストを率いてきた経験から学んだことを語った。

クリエイティブなプロセスには、理屈以上のものが必要だ。オリジナルなアイデアの大半は、言葉ですらない。それは、「直感に左右され、無意識に触発されて生まれたアイデアの実験の寄せ集め」だ。ビジネスマンの大半は理屈の支配下から抜け出せず、オリジナルな考え方ができない。想像力が阻害されているのだ。

私は論理的な思考はほとんどできない人間だが、乱雑に散らかった貯蔵庫から何かしら語りかけるものがあった場合に備えて、常に無意識界に通じる電話線をつなげておくというテクニックを編み出している。お酒とはごく親しい関係を保っているし、長時間風呂につかり、庭仕事をする。アーミッシュの村に引きこもったり、バードウォッチングをしたり、田舎道を長い間散歩したりもする。脳を休ませるためにしょっちゅう長期休暇もとる。その間、ゴルフはしないし、カクテルパーティもしない。テニスも、ブリッジも、何かに集中することもしない。ただ自転車に乗るだけだ。

こうやって何もしないでいると、絶えず無意識の世界から電報が届き、それが私の広告の原料になる。しかしこれだけでは駄目で、ハードワークをこなし、常に心を偏見のない状態にしておくこと、そして天衣無縫な好奇心も必要だ。

人類の偉大な創造の多くは、金を儲けたいという欲求から生まれたものだ。ジョージ・フレデリック・ヘンデルは、金に困っていたとき、二一日間引きこもって一気に「メシア」を書き上げ、それで大当たりをとった。「メシア」の中には、まったくのオリジナルのテーマというのはほとんどない。ヘンデルは無意識の世界からそれを掘り起こしたのだ。以前聞いたことがある他の作曲家の作品や、作ったことすら忘れていた自分の昔のオペラが無意識のうちに蓄積されていたのである。

カーネギー・ホールでのコンサートを終えて、指揮者のウォルター・ダムロッシュがラフマニノフに、「コンチェルトを演奏している間観客をじっと見ていたようだが、いったいどんな高尚なことを考えていたのか」と聞いた。「お客の数を数えていたんだよ」とラフマニノフは言ったそうだ。

オックスフォードでの学生時代、もし勉強すればお金をもらえたのであれば、私は奨学金を獲得するという奇跡を起こし、近代史の教授になっていたかもしれない。私はマディソンアベニューで金のありがたみを知るようになって初めて、熱心に働くようになった。

今のビジネス界では、クリエイティブでオリジナルなアイデアを出しても、作ったものが売れなければ何の役にも立たない。経営者によいアイデアを認めさせるためには、セールスの腕が必要なのだ。

私はマディソンアベニューで一四年間仕事をしてきたが、これまでに売り込み損なったすごいアイデアはたったひとつだ。(私はインターナショナル・ペーパーに、一般人がキャンプや釣りやハンティング、ハイキング、バードウォッチングなどを楽しむための土地を一九五億坪提供してもらおうとし、実現すればカーネギー図書館やロックフェラー基金にも並び称される崇高なる大盤ぶるまいとして歴史に残るにちがいないと持ちかけた。アイデアはよかったのだが、売り込みには失敗した)。

最後に、研究所だろうが雑誌社だろうが、パリの厨房だろうが広告会社だろうが、およそクリエイティブな組織というものには圧倒的な指導者が必要で、それなしでは絶対に大きな仕事はできないということもわかった。ケンブリッジのキャベンディッシュ研究所が偉大なのはラザフォード卿がいたからだし、「ニューヨーカー」がすごいのはロスがいたからだ。マジェスティックはピタール料理長のおかげで一流だったのだ。

そういう圧倒的な指導者のいる仕事場で働くのをよしとしない人間もいる。彼らは誰かに従属しているという思いにさいなまれ、ついにはこんなふうに決断してしまう。


たとえ地獄にあろうとも、王となる望みは捨てずにおけ。

天国でしもべとなるよりも、地獄で王となる方がましだ。


かくして彼らは仕事場を去り、そうなって初めて楽園を失ったことに気づく。このようなかわいそうな仲間が去って何週間か後、こんな手紙をもらったことがある。

「あなたの広告会社を辞めれば、きっと寂しくなるだろうということは覚悟していました。でも、実際に味わったのは苦悩でした。これほど見捨てられたような思いをしたことは、これまでに一度もありません。これが、選び抜かれた精鋭グループに属するという特権に浴してきたことの代償なのでしょう。そんな組織は本当にまれです」

有能な人間が会社を去ると、まわりの人間はいったいなぜだろうといぶかり、たいていは経営側の扱いが悪かったせいだと思い込む。こうした誤解を防ぐ方法を最近発見した。うちの会社の若いチーフ・コピーライターが辞めて、他の広告会社の副社長になると言ってきたとき、彼と私は、辞任する閣僚が総理大臣宛に書くようなスタイルの書簡を交わし、社内報に掲載した。親愛なる脱党者は、私宛にこんな手紙を書いた。

あなたは、広告人としての私の今の姿に責任があります。あなたが私を生み出し、私がどれほど無知かを教えてくれたのですから。いつか、私からは授業料を取っておくんだったとおっしゃいましたね。本当に、おっしゃるとおりです。

私も同じように返事を書いた。

この一一年間という短い期間に、君がヒヨッ子ライターからチーフ・コピーライターにまで成長するのを目にすることができたのは、私にとって素晴らしい経験でした。君は指折りのキャンペーンリーダーに成長してくれましたね。

君は勤勉で仕事も早い。チーフ・コピーライターがさらされざるを得ない苦悩の中で、君は持ち前のバイタリティと回復力によって常に冷静さと明るさを保っていました。君が陽気なおかげで、まわりまで明るくなったものです。

優れたクリエイターに温厚で人あたりのよい人間は少ない。たいていは気難しいエゴイスト、今の企業社会では敬遠されるような人間だ。ウィンストン・チャーチルを見るがいい。底なしの大酒飲みで、気まぐれで強情、反対されればふてくされ、能のない人間には無礼で、とんでもない浪費家、ちょっとでも腹立たしいことがあると泣き、しゃべり方は下品で、部下には思いやりがなかった。しかし、参謀総長アランブルック卿は次のように書いている。

チャーチルと共に働いた日々を振り返れば、我が人生の中でもっとも苦しく困難な時期として思い起こすことになるだろう。それでも私は、あのような人と共に仕事をする機会を与えられたこと、そして超人というものが稀にはこの世に存在するという事実に目を開かれたことを、神に感謝する。

2

クライアント獲得の秘訣

一五年前、私はペンシルバニアでタバコを作る名もない農民だった。だが今や、取扱高五五〇〇万ドル、給与総額五〇〇万ドル、ニューヨーク、シカゴ、ロサンジェルス、サンフランシスコ、トロントに事務所を構えるアメリカ屈指の広告会社の指揮を執っている。
どうしてこんなことが実現できたのか？　アーミッシュの友達が言ったように、私にも「まったく不思議でならない」

弱小広告会社でも大クライアントを手にできる

一九四八年のある日、広告会社の看板を上げた私は、こんな目標を立てた。

●我が広告会社は、生存をかけて必死に戦う生まれたばかりの会社だ。しばらくの間は、働き通しに働いても、給料はちっとも上がらないだろう。
●人を雇うときには、とにもかくにも「若い」ことが大事だ。我々が求めるのはガキ大将だ。おべっか使いやよれよれの老いぼれは必要ない。私が探しているのは頭のいい紳士だ。
●広告会社は分相応の大きさになるものだ。我が社は乏しい予算でスタートするが、一九六〇年までには大広告会社にする。

翌日、もっともクライアントにほしい五社をリストアップした。ゼネラルフーズ、ブリストル・マイヤーズ、キャンベルスープ・カンパニー、リーバ・ブラザース、そしてシェルだ（当時こうした超優良企業をターゲットにするなど狂気の沙汰だったが、今や五社全部がオグルヴィ・ベンソン&メイザーの顧客だ）。

昔はこうした大広告主が、意外な広告会社と契約を結ぶこともそう珍しくはなかった。ある大広告会社のボスが煙草のキャメルの広告をとろうとして、三〇人ものコピーライターをつけると約束した。しかし、R・J・レイノルズの抜け目ない社長は、「一番いいのを一人じゃだめかね?」と答え、ビル・エスティという若いコピーライターに広告を任せた。エスティの広告会社は、その後二八年間、キャメルの広告を作り続けている。

一九三七年には、クライスラー社のウォルター・クライスラーが、プリマスブランドの広告を当時三二歳のスターリング・ゲッチェルに任せた。一九四〇年には、エド・リトルがコルゲートの広告のほとんどをテッド・ベイツという意外な広告会社に任せた。ゼネラルフーズがヤング&ルビカムを見つけたのは、この広告会社ができてまだ一年目のことだった。ヤング&ルビカムの創業者の一人であるジョン・オーア・ヤングは、引退後、広告会社を探す企業に向けてこんなアドバイスをしている。

独立して広告会社を興そうというくらい強烈なエネルギーと勇気を持った若者に、幸運にも出会うことができれば、その貴重な資質が自分のために働いてくれるという、はかりしれない恩恵に浴することになる。

ともすれば、たくさんのデスクや数多くの部門など、大手広告会社につきものの重装備に目をごまかされがちだが、本当に大事なのは、真の「原動力」、すなわち「クリエイティブな力」があるかどうかということだ。

大成功を収めた広告の中には、これから名声を確立しようとしている広告会社の、やる気、野心、エネルギーという力によって達成されたものも多い。そうした広告主である大企業は、額に汗して働き、まだ脂肪を溜め込み始めていない広告会社という値上がり株を探して買うことに努めてきたのだ。

ジョン・オーア・ヤング『Adventures in Advertising』ハーパー／一九四八年

私が業界に足を踏み入れる頃には、大広告主たちはすでにもっと慎重になっていた。神は大軍に味方してしまったのだ。一九一六年以来J・ウォルター・トンプソンを率いていたスタンリー・リゾーは、当時こんな忠告をくれた。「産業界が大企業に一極集中している現状が、広告業界にも影響を与えている。今や大規模な広告には広範囲のサービスが必要で、大きな広告会社でなければとても扱い切れるものではない。だから、君のその突拍子もない夢はあきらめて、J・ウォルター・トンプソンで働いたらどうかね?」

初めてのクライアント探しに乗り出そうという新しい広告会社に、私がまだ新米だった頃、魔法のように効き目のあった作戦を授けよう。

私はよく、これからクライアントになってくれそうな企業に、典型的な広告会社のライフサイクルについて、つまりダイナマイトのように強烈な爆発力を持った時期から、やがてからからに乾いて腐敗してしまうまで、その避け難い栄枯盛衰のパターンに思いを致してみてほしいと言った。

数年にひとつずつ、素晴らしい広告会社が誕生する。野心的で、よく働き、爆発せんばかりのエネルギーに満ちている。古くて生ぬるい広告会社から仕事を奪い、目覚ましい働きをする。

何年かが経つ。創業者は金持ちになり、同時に疲れてくる。火のように燃える創造力はなくなり死火山になってしまう。

それでも広告会社は繁栄し続けるかもしれない。最初の勢いが完全に消えてしまったわけではない。強力なコネもある。しかし、何しろ大きくなりすぎてしまったのだ。彼らは過去の栄光の残滓《ざんし》にすがった退屈なマンネリ広告を作る。そしてひからび、朽ち始める。創造力の枯渇を隠すために、サービスの中心は付随的なことに移る。こうなると仕事は、活力にあふれた新しい広告会社に奪われ始める。猛烈に働き、その爆発的な持てる力のすべてを広告に注ぎ込む新参者たちだ。

こうした瀕死の有名広告会社の名前なら、すべてたちどころに挙げることができる。クライアントに真相が漏れ始めるずっと前に、広告会社の廊下では、やる気を失った落胆のささやきが聞こえるはずだ。

ここまで話すと、これからクライアントになってくれそうなお客が、痛いところを突かれたのをやっきになって隠そうとしているのがわかった。瀕死の広告会社というのは、もしかしたらウチの広告を請け負っている広告会社のことじゃないのか、と思い始めるのだ。

今、一四年前を振り返ると、我ながらなんとも悪辣《あくらつ》な戦法をとったものだとゾッとする。

叔父で学者のサー・ハンフリー・ロールストンは、いつも医者のことを「まずは出世する、それから名誉を手にする、最後に正直になる」と言っていた。今や私も正直の域に近づき、虫の一匹も殺さない男に見えるだろう。しかし、銀行口座の残高がゼロだった頃は、すべてが違って見えた。ギルバートの『ペンザンスの海賊』の中で、海賊の王様がこんなふうに言ったように。

餌食をもとめて出かけるときは
威風堂々、王様気どり。
乳母日傘《おんばひがさ》の王様よりは
船はたくさん沈めたが。
だが、とびきりの王冠を
戴く王であってみれば、
俺がこれまでやったより
汚い仕事もこなすはず。
その冠を我がものと

確かに言わんとするならば。

ヘンリー・フォードがディーラーに言った「売り込みをするときは個人的に訪問すべし」というアドバイスに従って、私もまずは、これまで広告会社をまったく使っていない企業を訪ねた。すでに使われている広告会社を蹴り出すだけの信用はまだないと思ったからだ。最初に狙いをつけたのは、広告に年間四万ドルをかけていたウェッジウッド陶器だった。ウェッジウッド氏とその広告マネージャー女史は、丁重に私を迎えてくれた。

「私どもは、広告会社というのは好かないんですの。うるさいだけですのでね。ですから広告は自社で作っておりますのよ。何か問題でもございまして？」とマネージャー女史は言った。

「そちらさまとは逆に、私は広告会社というものを尊敬しております。もし御社が私に広告スペースを買うことを許してくださるなら、雑誌の方が私に手数料をくれますから、御社にはまったくご負担はかからないのです。私は二度と御社を煩わせないとお約束します」と私は答えた。

ヘインズロウ・ウェッジウッドは思いやりのある人で、翌朝、正式に我が社を採用するという手紙をくれた。私はすぐに「教会のすべての鐘が、ケント・トレブル・ボブ・メイジャー奏法の転調鳴鐘で、大音響で鳴り響いています」と電報を打った（ミステリー作家ドロシー・セイヤーズが描くピーター・ウィムジイ卿とその仲間の教会の鐘奏者は、一晩がかりで難解な曲を演奏する）。

かくして私たちの取引は始まった。

しかし、私にはたった六〇〇〇ドルの資本しかなく、最初の手数料が入るまで破綻せずにやっていくだけで精一杯だった。幸い、ロンドンの名門広告会社メイザー&クロウザーの代表取締役だった兄のフランシスが救援にかけつけ、パートナーたちを説き伏せて私の会社の増資に一肌脱ぎ、名前を貸してくれるよう段取りをつけてくれた。やはりイギリスの広告会社であるS・H・ベンソン社にいた旧友ボビー・ビヴァンもそれに続いてくれたし、サー・フランシス・メイネルは、大西洋のこちら側への投資を認可するようサー・スタッフォード・クリップスを説きつけてくれた。

ボビーとフランシスは、広告会社のトップには誰かアメリカ人を探して据えるべきだと主張した。我々の同胞がアメリカの企業から仕事などもらえるはずがない、イギリス人が、いやたとえスコットランド人であっても、アメリカの広告業界で成功すると考えるなど愚の骨頂だと言うのだ。広告業はイギリス人には向いていない、と。なるほど、イギリス人が広告というコンセプト自体を毛嫌いしてきたのは確かだ。一八四八年には「パンチ」誌がこんなことを言っている。「商人国家となることは大いに結構だが、宣伝屋の国になる必要はどこにもない」。存命の勲爵士《くんしゃくし》、准男爵《じゅんだんしゃく》、貴族が現在五五〇〇人いる中で、広告業を仕事にしているのはたった一人だ。

広告業や広告人に対する偏見は、アメリカではさほど目立たない。P&Gの広告部長だったチェスター・ボウルズは、アイゼンハワー政権の国防長官に任命された。彼はマディソンアベニューを去った後コネチカット州知事になり、次いでインド大使になり、それから国防次官になったのだ。

しかしアメリカにおいてすら、広告人が政府の要職に就く例は稀だ。これは残念なことと言わねばならない。広告人の中には、才能ある弁護士、大学教授、銀行家、ジャーナリストなどよりよほど力のある人間が少なくないのだから。

広告業界でもトップの人間は、何が問題で何がチャンスかを見分け、短・長期の目標を定め、結果を評価し、大きな事業体をリードし、委員会で明晰なプレゼンをし、予算に従って経営を行うことに長《た》けている。他の広告会社の諸先輩を見てきた私は、そうした広告人の多くが、法務、教育、金融、ジャーナリズム等の業界で同様の立場にある人々よりずっと客観的で組織だった考え方ができ、より活力にあふれ勤勉であることを確信するようになった。私の広告会社を率いるのに適任のアメリカ人重役のアテがあるわけではなかったが、何ヶ月か探しまわった結果、J・ウォルター・トンプソンのシカゴ事務所にいたアンダーソン・ヒューイットに、トンプソンを辞めて我が社の社長になってもらうことにした。

彼は爆発的なエネルギーの塊で、名士や大富豪などものともせず堂々としたものだったし、その人脈の影響力は私には垂涎《すいぜん》ものだった。

一年も経たないうちに、アンダーソンは我が社にすごい広告の口を二つももたらしてくれた。コピーチーフになってくれていたジョン・ラ・ファージュの助けもあって、総合エネルギーメーカー、スノコの広告を獲得したのだ。それから三ヶ月後には、アンダーソンの義父アーサー・ページが、チェイス銀行に我が社のクライアントになるよう勧めてくれた。また資本が底をついたときには、J・P・モルガン商会に頼んで、彼の叔父でモルガンの会長だったレフィンウェル氏の信用だけを担保に、一〇万ドルを貸してくれるよう説き伏せた。

残念ながら、私と彼の共同経営はあまりうまくいかなかった。スタッフには我々の意見の食い違いを隠しておこうと努めたが、子どもたちというものはどうしたって両親の不仲を敏感に嗅ぎつけてしまう。四年間のすったもんだの末、我が社の華々しい成功からくるプレッシャーも重なって、社は二派に分裂し始めた。関係者全員の苦悩を経て、アンダーソンは辞任し、私が社長に就任した。その後、癪《しゃく》にさわるパートナーに邪魔されることのなくなったアンダーソンが、他の広告会社各社で目覚ましい活躍をしているのを見て心底ほっとしている。

「使いたい広告会社リスト」に載るための策

我が社の創業当時、競争相手の広告会社は三〇〇〇社もあった。まずやらなければならないのは、無名の広告会社というポジションから抜け出して、これからクライアントになってくれそうな企業の「使いたい広告会社」のリスト入りを果たすことだった。これは思ったよりもずっと早く実現することができたのだが、どうやってそれを成し遂げたのかを申し上げれば、これから冒険に乗り出そうという人たちにも参考になるかもしれない。

第一に私は、広告業界紙の記者たちを昼食会に招き、無手勝流で一から大会社を築こうとしているという突拍子もない夢を語った。このときから、彼らは私の新事業についてはかりしれないほど貴重なアドバイスをくれ、今でも私が送る発表は、どんな小さなものでも必ず記事にしてくれる。まったくありがたいことだ。TV・CMのパイオニアとなったロッサー・リーブスは、我が社では業界紙を持たずにトイレに行く人間は一人もいないと言明していた。

第二に、PRの父エドワード・L・バーネイのアドバイスに従って、スピーチを年に二回以下にした。その分、スピーチをするたびにマディソンアベニューに最大限の物議をかもすよう慎重に計算した。最初のスピーチはアート・ディレクターズ・クラブで行ったレクチャーだったが、そこでは広告グラフィックについてのありとあらゆる知識をぶちまけた。立ち去る前に、そこに集まっていたアート・ディレクター全員に、よいレイアウトとはかくあるべしという三九のルールを記した冊子を配った。マディソンアベニューでは、そのときのルールがいまだに言い伝えられている。

次のスピーチでは、大学で行われている広告講座がいかに愚劣かを弾劾し、実際に仕事で使いものになるライセンスを与えるような広告専門講座を創設するために一万ドル提供しようと申し出た。こんなあきれた提案をしたので、すぐに新聞の一面を飾ることになった。まもなく業界紙が、次々に持ち上がる問題について私のコメントを求めて電話してくるようになった。私は常に思ったままを言い、常にその言葉が引用された。

第三に私は、研究者や広報コンサルタント、経営工学の専門家、広告スペースのセールスマンなど、その商売柄大広告主とコンタクトのある人々と親しくなるよう心がけた。彼らの方は、将来の取引先として私と近づいたのかもしれないが、逆に我が社の素晴らしさを売り込まれることになった。

第四に、ありとあらゆる立場の人々六〇〇人に、頻繁に業務進捗レポートを送り続けた。このダイレクトメールの連射攻撃は、敬意を表すべき広告主のほとんどの目に触れることになった。たとえば、シーグラムの広告の一部をやらせてほしいと言ったとき、サム・ブロンフマンは、私が直前に送った一六ページものスピーチ原稿の最後の二段落を引き合いに出して、我が社を採用してくれた。

心優しき読者の皆さんは、私がこんな自己宣伝をしてきたという告白にショックを受けておられるかもしれないが、私に言えるのは、もし私がもっとプロらしいやり方をしてきたとしたら、ここまで来るのに二〇年もかかっただろうということだけだ。私にはそんなに長い間待てる時間もお金もなかった。貧しく、名もなく、ともかく先を急いでいたのだ。

こうした動きと並行して、私は週に六日、夜明けから真夜中まで働き通しに働き、生まれたばかりの広告会社を使ってくれるクライアントの広告を作り続けた。こうして作った広告のいくつかは、広告史を塗り替えるものになった。

当初は、おもちゃのカメだろうが特許をとったヘアブラシだろうがイギリスのオートバイだろうが、手当たり次第に広告を引き受けた。しかし、目標は常にリストアップした五社の超優良企業に置き、乏しい利益をやりくりして、なんとか彼らの目に留まるような組織を築き上げることに費やした。

クライアントになってくれそうな企業があると、私は必ず、広告会社を他社からオグルヴィ・ベンソン&メイザーに変えると、どれほど業績が劇的に向上するかを示して見せた。「どのケースでも我々は先鞭をつけてきましたし、どのケースでも売り上げは伸びています」。しかしこう言いながら、私はいつも笑いをかみ殺さずにいられなかった。過去二一年間にある会社の売り上げが六倍以上になっていなかったとしたら、その社の成長率は市場全体の平均成長率を下まわっていることになるからだ。

一九四五年には、平凡極まる広告会社が平凡極まる広告主の広告をずっと受け持つという幸運に恵まれることもあった。この頃はシートベルトをしっかり締めて、ウナギ上りに上昇する景気の波に振り落とされないよう、はるか高みに打ち上げられるに任せればよかった。広告会社にとって、何もしなくても誰もが儲かっているときにことさら新しい取引先を開拓するのは至難の技だ。しかし不況で景気が動揺すると、時代遅れの化石はボロを出し、活力にあふれた新しい広告会社に飛躍のチャンスが訪れる。

広告会社にとって、最初のクライアントを捕まえるのは最大の難関だ。信用を証明するものもなければ成功したという実績もない、その評判すら誰も聞いたことがないからだ。この段階では、クライアントになってくれそうな会社の事業に関して試験的な調査を行うという先行投資をするのも効果的だ。こうした調査結果をお見せしますと言われて、好奇心をそそられない経営者はほとんどいない。

この手を最初に試してみたのが、ヘレナ・ルビンスタインだった。この会社はそれまでの二五年間に七回も広告会社を変えていて、当時はヘレナ・ルビンスタイン本人の下の息子ホレス・タイタスの広告会社が請け負っていた。そして我々の試験調査では、彼の広告は効果がないという結果が出ていた。

マダム・ルビンスタインは我々のリサーチの結果にはいっこうに関心を示さなかったが、結果に基づいて作ってみた広告をいくつか見せると、がぜん色めきたった。とくに、私の妻がルビンスタインの美容室に行く前と後の写真には格別の興味を示し、こう宣った。「奥様は美容室にいらっしゃる『前』の方がおきれいだわね」

驚いたことに、ホレス・タイタスは自分の広告会社をはずし、私に広告を任せるようにと母親に進言した。マダム・ルビンスタインはその意見に従った。ホレスと私は親友になり、その友情は八年後に彼が亡くなるまで続いた。

一九五八年には、ニュージャージーのスタンフォード石油に呼ばれて、もしうちが代理店になるとしたらどんな広告を作るか見せるように言われた。一〇日後、私は大きなバスケット一杯に詰め込んだ一四種類もの広告キャンペーンを示して、見事スタンフォード石油の広告を勝ち取った。運不運は別として、新しいビジネスを開拓するには、抜群の生産性と徹夜仕事が何よりの武器だ。

医薬品のブロモ・セルツァーのプレゼンには、仕事をもらえるという保証がまったくないにもかかわらず、三万ドルもの予算を費やした。これは、頭痛のほとんどは心因性のものだというもっともな理論に基づいたものだった。しかし、当時ブロモ・セルツァーの広告部長だったルモアーヌ・ビリングスは、レネン＆ニューウェル広告会社のプレゼンの方を選んだ。

今日では、仕事になるという確たる保証もなくトライアルキャンペーンを作る時間もなければそんな気持ちもない。その代わり、これからクライアントになってくれそうなところには、これまで他社のためにどういうことをしてきたかを見せ、我が社のポリシーを説明し、各部門の部長を紹介する。欠点も含めて、我々のありのままの姿を一切合切見てもらうよう努めるのだ。それが気に入れば我が社を雇うだろうし、もし気に入らないのなら、そことは仕事をしない方がいいのだ。

ＫＬＭオランダ航空は、広告会社を変えることを決定したとき、オグルヴィ・ベンソン＆メイザーと他の四社に、審査のためのトライアル広告キャンペーンを制作するよう求めてきた。審査順序は我々が一番先だった。会議室に入ると、開口一番私はこう言った。「我が社は何ひとつ用意していません。その代わり、御社の問題が何かを話していただきたいのです。そしてまず、リストに挙がっている他の四社をまわってください。他社はすべてトライアル・キャンペーンを用意しているでしょう。その中のどれかがお気に召したら、そこをお選びになって結構です。しかしもしもお気に召すものがなければ、ここに戻ってきて我が社を使ってください。そうすれば、我が社はただちにリサーチにかかります。我が社では、広告を準備する際には、常にまずリサーチから始めることにしておりますので」

オランダ人たちは、我が社に見込みがあるとはとても思えないこの申し出を受け入れた。

五日後、他社のトライアルをすべて見た後、彼らは戻ってきて、我が社を使うことに決めた。大いに愉快だった。

どうすれば一番いいかは一概には言えない。スタンフォード石油やヘレナ・ルビンスタインのように、トライアルを見せる方がいい場合もある。かと思えば、KLMのように、唯一トライアルを拒絶する広告会社であることがいい結果を生む場合もある。新しいビジネスでもっとも成功しているのは、クライアント候補である企業の心理構造を敏感に察知できるスポークスマンのいる広告会社だ。臨機応変に融通を利かせられないようでは、一流のセールスマンとは言えないのだ。

ひとつだけ、ほぼあらゆるケースに通用する戦略がある。それは「しゃべりはクライアント候補に任せる」ことだ。聞き役にまわればまわるほど、〝敵〟にはあなたが賢く見える。

かつて私は、アレクサンダー・コノフという、ジッパー製造で巨万の富を築いた年配のロシア人に会いに行ったことがある。ニューアークの工場を見学した後（すべての部署に約一八〇センチの遺体収納バッグ用のジッパーが飾られていた）、運転手付きキャデラックで一緒にニューヨークまで帰ったのだが、そのとき彼が、「ザ・ニュー・リパブリック」誌を持っていることに気づいた。この雑誌を購読するクライアントは珍しい。

「支持政党は民主党ですか、共和党ですか?」と私は聞いてみた。

「社会党員ですよ。ロシア革命では大いに活躍したものです」

そこで、ケレンスキーをご存知ですかと聞くと、「あんな革命ではない」とコノフは鼻息を荒くした。「一九〇四年の革命だ。子どもの頃は、雪の中を煙草工場まで裸足で八キロも歩いたもんだ。私の本名はカガノヴィッチだが、FBIの奴らは、今共産党政治局にいるカガノヴィッチの兄弟だと勘違いしておる。トンチンカンにもほどがあるな」。彼は大笑いした。「アメリカに来た当初は、ピッツバーグでミシン工として一時間五〇セントで働いた。女房は刺繍工でね、給金は週に一四ドル、しかもそいつを払ってもらったことがない」

誇り高き老いたる社会主義の億万長者は、さらに亡命中のレーニンやトロツキーとどんなに親しかったかを語り続けた。私はひたすら拝聴し、おかげで我が社は広告を受注した。

沈黙は金だ。つい先日も、オーディオ機器のアンペックスの宣伝部長が、新しい広告会社を探しにやって来た。生涯ただ一度のことだが、その日昼飯を食べすぎた私は、満足にしゃべることができず、このクライアント候補に身振りで椅子をすすめ、もの問いたげな眼差しを向けた。宣伝部長はそれから一時間しゃべり続け、その間私は一言も口を差しはさまなかった。彼が私の思慮深さに感嘆しているのがよくわかった。こんなチャンスに口を閉ざしておける広告人はめったにいるものではない。それから、恐ろしいことに彼は私に質問した。

「アンペックスのレコード・プレイヤーを〝聴いてみた〟ことがありますか？」

腹が張りすぎてしゃべることができなかったので、私はただ首を振った。

「それなら、お宅でぜひ聴いてみていただきたいですね。いろいろスタイルがあるんですよ。お宅のインテリアはどういうスタイルですか？」

しゃべる自信がなかったので、肩をすくめて見せた。

「モダンですか？」

首を横に振った。無口もここまでくればたいしたものだ。

「アーリー・アメリカン？」

また首を横に振る。水脈はまだはるか彼方だ。

「一八世紀風？」

私はようやく沈痛な面持ちでうなずいたが、それでも口は開かなかった。一週間後、アンペックスが届いた。素晴らしいものだったが、我が社の共同経営者たちが、この広告は小さすぎて利益が上がらないと判断したので、やむなく断念せざるを得なかった。

「勝つために戦え、しかし心から楽しめ」

一度引き受けた広告の扱いには、慎重の上にも慎重を期さねばならない。扱うのは他人の金だし、我が手にその企業の社運がかかっていることも多い。しかし、新規クライアントの獲得はスポーツのようなものだ。眉間にしわを寄せて取り組めばたぶん胃潰瘍で死んでしまうが、陽気な気分で楽しんでやれば、心安らかに眠りつつ、たとえ失敗したところでケガなく立ち直れる。「勝つために戦え、しかし心から楽しめ」ということだ。

若い頃私は、ロンドンの「理想の住宅展示会」で台所用レンジを売っていた。一件につき四〇分もかけて、それぞれのお客に合わせた売り込み口上を述べねばならなかった。問題は、並みいる群衆の中から、四〇〇ドルもする台所用レンジを買えるほど懐の豊かな人を見分けることだった。私はそういう人を「嗅ぎ当てる」術を身につけた。そういう人はトルコ煙草を吸っているのだ。それは、イートン校のネクタイと同じように貴族階級の目印だった。

後年になって、並みいる企業の中から大口の依頼主を嗅ぎ当てるのに同じようなやり方を開発した。ある日、スコットランド協議会の昼食会から帰ろうとしたとき、そこで初めて顔を合わせた四人はいつか我が社のクライアントになるだろうという予感がした。そして、そのとおりになった。

これまでに手がけた最大のクライアントはシェルだ。シェルは、我が社のロールス・ロイスの広告をお気に召して、考慮する広告会社のリストに加えてやってもいいと考えた。彼らはそうした広告会社のそれぞれに、長くて徹底的なアンケートを送りつけた。

私は広告会社を選ぶのにアンケートを送りつけるというやり方が大嫌いで、これまでに何十というアンケートをゴミ箱送りにしている。スタール・マイヤーという企業がアンケートを送ってきたときには、「スタール・マイヤーとはいったい何者だ?」と返事をしてやった。

しかし、シェルのアンケートには徹夜で答えを練った。私の答えはお決まりの表現というよりはごく遠慮のないものだったが、当時のシェルの社長で、ニューヨーク交響楽団の理事仲間だったマックス・バーンズには、おそらくいい印象を与えるだろうと思った。もしこれが彼のところにまで届けばの話だが。

翌朝、彼がロンドンに出張していることを知り、私もロンドンに飛び、彼のホテルに電話して、ぜひ会いたいと伝言を残した。一〇日間というもの、何の連絡もなかった。あきらめかけていたところへ、「〝明日ランチを共にしたい〟という電話がバーンズ氏からありました」という伝言をオペレーターから受け取った。翌日はすでにスコットランド担当大臣とのランチの予定が入っていたので、私はバーンズにこんな合図を送った。

「オグルヴィ氏は下院でスコットランド担当相との昼食会に出席いたしますので、ご臨席たまわれば幸いに存じます」

下院への道中はひどい雨で、ひとつの傘を分け合ったバーンズに、私はアンケートに対する回答の要点を伝えることができた。翌日ニューヨークに戻るとバーンズは、シェルの社長の座を継ぐことが決まっていた非凡極まるモンロー・スパト博士に私を紹介してくれた。それから三週間後、スパト博士から電話が来て、我が社に広告を任せてくれた。驚くべきニュースにすっかり呆然としてしまった私は、日頃の冷静沈着ぶりもどこかへすっ飛んでしまい、思わず「神様お力添えを」とつぶやいた。

シェルの広告を請け負うことになったので、ニュージャージーのスタンダード石油の広告は手放さざるを得なくなった。私はニュージャージーの人々が好きだったし、あの素晴らしい「プレイ・オブ・ザ・ウィーク」というTV番組を打ち切りにしないためにスポンサーになってもらうよう彼らを説き伏せたことも誇らしく思っていた。「ライフ」誌で、TVショーのホストのデイヴィッド・ジュスキントは「もし国会にビジネス特別名誉賞というようなものがあれば、このスポンサーに授けるべきである」と語っている。

しかし、スタンダード石油をこの番組のスポンサー枠に収めるために、私がタバコのオールドゴールドやケントの製造元であるロリラード社から本来得るべき一五パーセントの手数料をすべてフイにしていたことは、一般には知られていない。ロリラード社は、命運尽きかけたこの番組のCMスポット枠を優先的に買う権利を持っていたので、私はスタンダード石油にその枠を譲ってもらうために自分の取り分の手数料（週に六〇〇〇ドル）をロリラード社に差し出したのだ。スタンダード石油が私の払った犠牲を埋め合わせてくれなかったのには失望した。タダで仕事ができる広告会社などない。というわけで、彼らには別れを告げ、代わりにシェルに忠誠を誓うことにしたのだ。

ときには、新しい仕事を得ようとして破滅的なドジを踏んだこともある。ブリティッシュ・トラベル＆ホリデイズ・アソシエイションを率いるサー・アレクサンダー・H・マックスウェルに会ったとき、我が社は喉から手が出るほど大至急新規のクライアントを必要としていた。サー・マックスウェルは最初、私を鼻であしらった。「我が社の広告は素晴らしい。最高と言ってもいい。広告会社を変えようなどまったく考えもしないね」

私はこう言った。「ヘンリー八世が死の床にあったとき、死が間近に迫っているという恐ろしい真実を王に告げようものなら、首を切り落とされるにちがいないと思われました。しかし、国家的事情によって、誰かがその役割を担わなければならないことになり、ヘンリー・デニーが進み出ました。ヘンリー八世はデニーの勇気に心から感謝し、彼に手袋とナイトの称号を送ったのです。サー・ヘンリー・デニーは私の先祖です。彼に倣って、私も勇気を出して申し上げますが、御社の広告は最低です」

マックスウェルは激怒し、その後二度と私に口をきいてくれなかった。しかしまもなく、私がまったくタッチしないという条件付きで、我が社にブリティッシュ・トラベルの広告を任せてくれた。その後何十年もの間、我が社の共同経営者たちは、私がその広告を担当しているという事実をひた隠しにしてきた。我が社の作った広告は大成功し、イギリスを訪れるアメリカ人観光客は、一〇年間で四倍に増えた。今日イギリスは、イタリアを除けばヨーロッパ一の観光収入を誇っている。「エコノミスト」誌は「狭くてジメジメした島にしては、これは驚くべき成功」と言っている。

やがてサー・アレクサンダー・マックスウェルが引退すると、私も身を隠す必要がなくなった。現在そのポストを継いでいるのが、前閣僚のメイベイン卿だ。私がイギリスに行くと、卿は自分の車を手配してライに連れて行ってくれる。卿はそこの、かつて作家のヘンリー・

ジェイムズが住んでいた邸に住んでいるのだ。
卿の運転手は一度、アメリカ人である私の妻に、自分の「ゴム」を食べませんかと言って、妻を驚愕させた（彼の言った「ゴム」とは、イギリスのラウントリー社製のお菓子のことだ）。イギリス人のクライアントはどうも変わった召使いを雇うものだ。ダービーの近くにあるロールスロイスのゲストハウスでは、ある暑い夏の朝、我々のベッドルームにノックもしないで執事が入って来た。妻はまだぐっすり眠っていた。執事はそのまん丸い顔を妻の耳元に突き出すと、いきなりこう叫んだ。「ポーチドエッグにいたしましょうか、それとも目玉焼きがよろしゅうございますか、奥様？」

アームストロング・コルク社の広告を獲得する作戦は、一風変わった顛末《てんまつ》をたどった。ある日私は、宣伝部長のマックス・バンザフから、ペンシルバニア州ランカスターの近くにある彼のゴルフ・クラブでのランチに招かれた。一八番ホールのグリーンを見渡すテーブルに陣取って、二時間というもの、マックスはゴルフ談義を連発して大いに楽しませてくれた。彼が広告会社を評価する基準の中心は、どうも「ゴルフボールをどれくらいうまく打つことができるか」ということらしかった。

私も彼とゴルフへの情熱を分かち合ったかって？　実は私はこれまで一度もゴルフコースというものに出たことがない。だが、そのときその場でそれを認めるのは、仕事をものにするチャンスをみすみすフイにしてしまうのと同じだ。そこで私は、「どうも最近忙しくてコースに出る暇がなくて……」と、もごもごと苦しい言い訳をつぶやいた。マックスは、「それなら今、この場で一緒に一ラウンドまわろう」と言い出した。私はクラブを持って来ていないからと断った。

「私のをお貸ししますよ！」

それでも私が重ねて「どうも胃腸の具合がよくないので……」と言うと、マックスは潔くあきらめてくれた。そして立ち去る前に彼は、我が社がアームストロング社の広告を請け負うにはたったひとつ障害が残っている、それは、会長のヘニング・プレンティスが、四〇年間の長きにわたってアームストロング社の広告を独占してきた広告会社を率いるブルース・バートンという人物と長年の大親友だという事実だと明かしてくれた。

その翌日、運は私に味方した。ドネガル協会が、アメリカで一番古い長老会派の教会のひとつで行われる年次集会で講演をするよう私を招いてくれたのだ。私が説教壇から話をするとき、プレンティス氏は会衆の一員としてそれを聞くことになるはずだった。

私が話をする日は六月二三日になった。その輝かしい夏至の日は、私の祖父、父、そして私が生まれた日なのだ（父は、この驚くべき偶然を私が持続することができない方に、百対一で賭けたことがある。私はまだ成功していない）。私は、アメリカ建国におけるスコットランド人同胞の果たした役割について、マディソンアベニューで働くとあるスコットランド人、つまりプレンティス氏について「直接には」言及することなく述べることに決めた。

超絶主義の思想家ラルフ・ウォルドー・エマーソンと評論家のトーマス・カーライルは、あるときスコットランドの田舎を散歩しました。エクルフェカンあたりのやせた大地を見て、エマーソンはカーライルに尋ねました。「こんな土地でいったい何を作るのだろう？」。するとカーライルは「人を作るのです」と答えたそうです。

スコットランドのやせた土で育つのはどんな人でしょう？　そういう人がアメリカに行ったら、どうなるのでしょう？

彼らは懸命に働くのです。父がよくこんな格言を言っていました。耳にタコができるほど聞かされたものです。「働きすぎて死んだ人間はいない」と。

アメリカ独立革命の指導者パトリック・ヘンリーはスコットランド人でしたし、アメリカ海軍の生みの親ジョン・ポール・ジョーンズもスコットランド人の植木屋の息子でした。アラン・ピンカートンはスコットランドから来てシークレット・サービスを興しました。一八六一年二月に、最初のリンカーン暗殺計画を暴いたのがピンカートンでした。

アメリカ最高裁判所の陪席判事のうち三五人がスコットランド人です。そして実業家にも大勢のスコットランド人がいます。ここランカスター郡の繁栄と文化に大いに貢献しておいでの実業家、アームストロング・コルク社のヘニング・プレンティス氏もその一人なのです。

見晴らしのきく説教壇からは、何の前触れもなく突然自分の名前が引き合いに出されたプレンティス氏の反応がよく見てとれた。決して悪い気分ではないようだった。数週間後、彼はアームストロング社の広告の一部を我が社に任せることに同意してくれたのだった。

これまでに手がけてきた新規ビジネスにまつわる椅子取りゲームのうちでも、一番競合他社が多かったのが、USトラベル・サービスだ。一三七社もの広告会社が一斉に競争に参加した。

イギリスとプエルトリコの広告に大成功した我が社にとって、観光旅行の目的地としてアメリカを宣伝するというのは、まさにうってつけの仕事だった。私は、同じヨーロッパ人仲間に、アメリカに対する私自身の情熱を感染させたいと思った。歯磨きペーストやマーガリンの広告をしてきた私が、アメリカ合衆国を宣伝することになれば、これこそ願ってもない素晴らしい転身ではないか。

この広告を争う他の広告会社のほとんどが、政治的影響力を駆使できる立場にあったが、私にはそれがまったくなかった。それでも最終選考の六社のリストに残ることができ、今度はプレゼンのためワシントンに招かれた。商務長官補のウィリアム・ルーダーは、個人的にはマディソンアベニューの仲間の一人だったが、彼に容赦なく質問攻めにされた挙げ句、我が社の弱点をひとつ指摘された。それは、海外に拠点を持っていないという点だった。

これまで優に一〇〇を超える新規のプレゼンを行ってきた私には、会議が終わる頃には、自分が勝ったのか負けたのかがわかる。その午後には、もう負けがわかっていたので、肩を落としてニューヨークに帰った。それから一〇日が経ったが、何の発表もない。私はスタッフに慰められ、みんなで競合他社のどこが勝つかで賭けをした。

そうこうしていたある土曜の朝、私はウェスタン・ユニオンの電報に叩き起こされた。電報にはこうあった。「商務長官はオグルヴィ・ベンソン&メイザーを、イギリス、フランス、ドイツにおける〝USAに行こう〟キャンペーンの広告担当に任命する」

こんなに誇らしい電報を手にしたのは、三〇年前、オックスフォードがクライストチャーチの奨学金を与えると知らせてきた電報を受け取って以来だった。以後、USトラベル・サービスのために書いている広告はすべて、感謝の気持ちでいっぱいの一移民からの礼状である。

キャンペーンが発表される前に、私はこの広告は必ず非難の対象になると商務省に警告した。「最初のCMが発表されたとたんに、ピンチがやってくるでしょう。何を言っても言わなくても、非難の的になるのは避けられないのです。イギリスの旅行広告での長い経験から、私にはそれがわかっています。しかし、最終的に我々のキャンペーンが擁護されるにせよ攻撃されるにせよ、それを決めるのは『結果』だけなのです」

リサーチをしてみると、我々にとってのただひとつの障害は、ヨーロッパの人たちがアメリカ旅行はあまりにも高くつくと思い込んでいるという事実だけだとわかった。そこでこの問題に真正面から取り組むことにした。アメリカ旅行は「思ったより安い」などというどっちつかずの言い方をする代わりに、「一週間で三五ポンド」と、具体的な数字を挙げたのだ。これは慎重な確認の後にはじき出した数字だった。たとえば、ニューヨークのホテルの妥当と思える最低料金を決めるには、コピーライターを一人、一泊六ドルのホテル・ウィンズロー に泊まらせて、ベッドの具合はどうかをチェックさせた。コピーライターはここが満足できるレベルであることを確認した。

しかし批評家は、週に三五ポンドというのは安すぎると言った。彼らには次に挙げるような問題の実体がわかっていなかったのだ。

①それまでのヨーロッパからの旅行客は、旅費を支給されたビジネスマンか大金持ちに限られていた。市場を拡大するには、低予算の観光客をぜひとも誘致しなければならない。合衆国金塊貯蔵庫からは大量の金が漏れ出しており、至急外貨を獲得せねばならない。

②アメリカでは半分以上の家庭が年収五〇〇〇ドルを上まわっているが、イギリスでこれだけの年収のある家庭は全体の三パーセントにすぎない。したがって、アメリカ製品をできるかぎり安価に買ってもらえるようにすることが重要だ。彼らが望めば、いつでももう少し支出することは可能なはずなのだ。

③並の年収のヨーロッパ人であれば、たとえ旅費を捻出するために倹約してでもアメリカに来た方がよいはずだ。ニューヨーク、サンフランシスコ、そしてこの広々とした大地を目にするというスリルあふれる体験は、倹約の辛さをはるかに凌駕《りょうが》するにちがいない。外国人観光客は、アメリカにとって何よりも必要な外貨をもたらすうえに、リサーチによれば、アメリカを訪れたことのある外国人のほとんどすべてが、来る前よりもアメリカに対して好印象を持つようになるのである。

ヨーロッパの各紙に掲載されるやいなや、我々の広告がかつてなかったような注目を集め、問い合わせが殺到した。USトラベル・サービスのロンドン、パリ、フランクフルトオフィスは、深夜まで営業しなければならなくなった。

我々のキャンペーンには、おそらく広告史上前例のないほど報道が殺到した。「デイリー・メイル」は、目玉記事専門のスター記者をアメリカに派遣した。彼の第一報はこんなふうだった。

ケネディ大統領は私を、そして何百万ものヨーロッパ人をアメリカへの新しいスタイルの観光旅行に誘い、それと同時に一億八〇〇〇万のアメリカ人に対して、我々に親切にせよという秘密指令を出した。そうでもなければ、アメリカ人がどうして、こちらが気恥ずかしくなるほどに気前がいいのか、いたれりつくせりの親切を示し、どの街角でも極度に礼儀正しいのか説明がつかない。

「デイリー・エクスプレス」はニューヨーク特派員に、このテーマについてシリーズ記事を書くよう指示した。「マンチェスター・ガーディアン」は、まだ広告が三つしか発表されていなかったのに、我々の広告を「かの有名な」と記した。ドイツの代表的な経済紙である「ハンデルスブラット」は、「これは嘘偽りのない誠実なキャンペーンだ。USトラベル・サービスは高らかなファンファーレと共に、このCMを西ドイツの観光マーケットに向けて発信した」と書いた。

論より証拠。キャンペーンが始まって八ヶ月後には、アメリカに来るフランス人観光客は二七パーセント増、イギリス人は二四パーセント増、ドイツ人は一八パーセント増加した。

「一〇項目」を満たす広告を目指す

一九五六年、私は、他の広告会社と共同で仕事をもらうという異例の冒険に参加してみた。PRの草分けベン・ソネンバーグの勧めに従って、グレイ社のアーサー・ファットと共に、力を合わせてグレイハウンド・バスの広告を取ろうとしたのだ。ソネンバーグによれば、私は「バス旅行のイメージを高める」役割、グレイは「お客の尻で座席を埋める」役割だった。

ファットと私は、グレイハウンド側が会議を開いていたサンフランシスコに飛んだ。ホテルにチェックインするや、ファットは彼のプレゼンを見せてくれた。彼の会社のリサーチ部門は問題の核心に見事に切り込んでいたし、コピーライターは簡にして要を得たスローガンを作りだしていた。「運転はすべて私どもに任せて、ごゆっくり快適な旅をお楽しみください」

私はただちにホテルの内線でグレイハウンドの宣伝部長に電話し、ファットの部屋に来てくれるように言った。

「たった今、アーサー・ファットが共同プレゼンの半分を見せてくれたんです。こんな素晴らしいものは今まで見たことがない。どうぞ、御社の広告は『すべて』グレイにお任せなさい。決断のお邪魔にならないように、私は今すぐニューヨークに帰ります」

そして部屋を出た。広告はグレイに決定した。

失うリスクを背負いきれないほどの巨大な広告がほしいと思ったことは一度もない。そんなものを請け負ったが最後、その日から戦々恐々としながら生きていかなければならなくなる。おびえた広告会社は、率直なアドバイスをする勇気を失ってしまう。一度そうなってしまえば、後はおべっか使いになりさがるだけだ。

そういうわけで、エドセルの広告のコンペに誘われたが断った。フォードにはこんな手紙を出した。「御社の広告は、我が社の取扱高全体の半分にも相当します。これでは、ご助言申し上げなければならないときに、我が社が独立した主体性を保つことが困難になってしまいます」。もしエドセルのコンペに参加し、広告を勝ち取っていたとしたら、オグルヴィ・ベンソン＆メイザーはエドセルと共に破滅の道をたどっていたことだろう。

クライアント選びには、はかりしれないほどの痛みを伴う。確かに、先方ではこちらを選んでいないのにこちらから選んだクライアントもいくつかはあるが、それを勝ち得るためにはたゆまぬ努力をするし、毎年平均五九社ほど、好ましくない広告を断っている。

一流の広告会社というものがそうそう転がっているものではないことは、あまり認識されていない。たとえば、石鹸メーカー各社がそれまで使っていた二一社の広告会社を出入り禁止にしたとき、彼らの基準に合う広告会社はたった二社しか残っていなかった。

二年に一社、新しいクライアントを獲得したいというのが私の夢だ。成長があまりに早すぎると、新人スタッフを訓練する時間がなくなり、既存のクライアントへのサービスに向けるべき我が社最高の頭脳を、新規クライアントの初めてのキャンペーンに向けた難しい仕事に振り向けざるを得なくなってしまう。私が求めるのは、次の一〇項目を満たす広告だ。

①広告する製品は、我々が広告に携わることを誇りに思えるようなものでなければならない。心の中では軽蔑している製品を広告するという数少ない例もあるが、そういうときは必ず失敗している。弁護士なら有罪であると知っている殺人犯の弁護もできるだろうし、外科医は嫌いな人間でも手術できるだろうが、広告の場合、そんなふうに職業的に超然とした態度をとることはできない。ある商品を売るためには、コピーライターはある程度は個人的に肩入れしないわけにはいかないのだ。

②前の広告会社よりもはるかにいい仕事ができると思えないかぎり、我々は広告を引き受けない。「ニューヨークタイムズ」が広告を依頼してきたが、私は断った。この新聞がそれ

まで出していた素晴らしい広告以上のものが我々に作れるとは思えなかったからだ。
③長期間売り上げが落ち込んでいる商品には近づかないことにしている。そういう場合は必ずと言っていいほど、商品自体に本質的な欠点があるか、もしくは経営陣が無能なのだ。新しい広告がどんなに優れていようとも、この二つの欠陥を埋め合わせることはできない。新しい広告会社は、たとえ喉から手が出るほど仕事がほしかろうが、棺桶に足を突っ込んだような仕事は断るだけの自制心が必要だ。ベテランの域に達した外科医なら、たまに手術台の上で患者が死ぬようなことがあってもどうということはないだろうが、新米の医者がそんな不運に見舞われた日には、一生を棒に振りかねない。私も、かつては手術台の上でクライアントが死にはしないかとビクビクしていたものだ。
④クライアント候補の企業が広告会社に儲けさせてやろうと思っているかどうかは、ぜひとも見極めなければならない。クライアントを大富豪にしてやるためにやっきになる一方で、こちらは大損をするという苛立たしい経験もした。今や広告会社の平均的な利益は〇・五パーセント以下なのだ。広告会社は、クライアントにサービスしすぎて破綻するか、逆にサービスしなさすぎて切られるかの間で、きわどいバランスをとりつつ綱渡りをしている。

⑤もしその広告で利益はあまり得られそうになくても、注目を浴びるようなものを作るチャンスがあるだろうか？　ギネスやロールスロイスの広告をやっても利益はあまりなかったが、我々のクリエイティブな実力を存分に発揮するためには、またとないチャンスを与えてくれた。新しい広告会社を世に知らしめるのに、これ以上手っ取り早い方法はない。ここでたったひとつ気をつけなければならないのは、そうすることによってこの広告会社の力は偏っているという評判が立つことだ。小さな広告会社があまりにクリエイティブに優れた広告を作ると、実業界は、きっとリサーチやマーケティングの方はお留守なんだろうと思ってしまいがちなものだ。人というものは、ある広告会社がひとつの部門で高い基準を定めている場合、他のすべての部門でも同じように高い水準を設けているなどとは、なかなか思ってくれないものだ。

かつては私自身も、優れたコピーライターではあるが他の点では無知蒙昧《もうまい》な人間だと思われていた。これにはまったく歯がゆい思いをした。私の得意なのはコピーなどではまったくなくリサーチだった。何しろ、ギャラップ博士のオーディエンス・リサーチ研究所を運営していたほどなのだから。

ほとんどすべての広告会社を悩ませる最大の問題は、いかにいいキャンペーンを作りだすかということだ。コピーライターやアート・ディレクター、TVプロデューサーを見つけるのは簡単だが、広告会社のすべてのクリエイティブな作品――毎年一〇〇ほどの新規キャンペーン――を統括する人間となると、おそらく片手に満たないほどしかいないだろう。めったには見つからないこんな音頭とりの白鳥は、ライターやアーティストの雑多な一団を奮起させる才能がなくてはならないし、幅広いさまざまな製品のキャンペーンに関して確かな評価を下さなければならない。同時に優れたプレゼンターであり、徹夜仕事も旺盛にこなすようでなければならないのだ。

私がこうした稀な人間の一人であるという評判が広まり、大手広告会社が、私の会社をまるごと抱え込んででも私を獲得しようとしたことがある。三年の間に、J・ウォルター・トンプソン、マッキャン・エリクソン、BBDO、レオ・バーネット、その他にも五社から誘いがかかった。もしその中の一社でも、私を金で口説き落とそうとしていたら、それに屈していたかもしれない。しかし、どこも私が「クリエイティブな挑戦」（それがどんなものであっても）の方に関心があるものと勘違いしていたのだ。

クリエイティビティだけに偏って評価されてしまうと、大きな仕事をとるにはふさわしからぬ広告会社だと思われてしまう。しかし名もない段階から抜け出すには、これも冒さざるを得ないリスクだ。一九五七年にエスティ・ストウェルが入社して初めて、我が社も「すべての」部門で強力だという評価を受け始めた。エスティは、あらゆる広告会社の中でどこよりもマーケティングに強いと見られていたベントン&ボウルズの取締役副社長だった。彼こそ、単なるコピーライターにすぎないという私の評判を帳消しにするために必要なシンボルだった。それに、彼はたいへんな切れ者でもあった。心からほっとした私は、クリエイティブ部門を除いたすべての部門の管理統括を彼に任せた。この瞬間から、我が社は大手広告会社としての成長を始めた。

⑥クライアントと広告会社の関係は、患者と担当医師の間柄と同じくらい親密なものだ。広告を引き受ける前に、クライアント候補者と楽しくやっていけるかどうかを確認することだ。クライアント候補と初めて会うときは、どうして広告会社を変えたいのか、その理由を確かめる。もし広告会社の方から引導を渡された疑いがあれば、前の広告会社の友達に問い合わせる。ごく最近、クライアント候補が広告会社側から見放されていたということが間一髪でわかったことがある。前の広告会社に聞いたところでは、彼には広告会社より

も精神科医が必要だということだった。

⑦マーケティング・ミックスにおいて、広告がとるに足らない位置しか占めていないようなクライアントの仕事はしない。そういうクライアントは、他の目的にキャッシュが必要になると、必ず広告費を削りにかかるという、どうにも困った傾向がある。私は、広告が会社の生命線であるようなクライアントが好きだ。そういうクライアントなら、私たちはどうでもいい末端ではなく、クライアントの仕事の欠くべからざる中核を担うことになる。総合的に見て、広告会社にとってもっとも実入りのいい広告は、単価が安く、誰もが使い、しょっちゅう買われるような商品だ。こうした商品には大きな広告予算が充てられるし、高価な耐久消費財よりテストをするチャンスも多い。

⑧すでに全国的に出まわっている他の商品の一部として売られるというのでもないかぎり、研究所から出る前の新製品の広告は決して手がけないことにしている。テスト・マーケティングの段階から新製品を売り出すというのは、広告会社にとって大きなコストを必要とする。それに新製品というものは十中八九、テスト・マーケティング中に本格的に売り出すだけの価値がないことがわかってしまう。広告会社の儲けは一切合切を合わせてもたった〇・五パーセントなのだから、我々はそんなに大きなリスクを冒すことはできない。

⑨優れた広告を作ることを目指しているのなら、決して「団体」をクライアントにしないことだ。数年前、レーヨン製造業者組合の広告コンペに招かれた。指定の期日にそこの本部に顔を出すと、仰々しい委員会室に通された。委員長は「オグルヴィさん、我々は複数の広告会社と面接を行っています。御社の持ち時間は一五分きっかり、この時間内で売り込みを行ってください。時間が来たらベルを鳴らします。次の広告会社の代表者がすでに外で待っておりますので、その方と交代してください」と言った。売り込みを始める前に、私は三つ質問をした。

「このキャンペーンでは、エンドユーザー向けレーヨン製品をいくつカバーすることになるんですか?」。答え。車のタイヤ、家具用の布地、工業製品、婦人服、紳士服。

「で、予算はいくらです?」。答え。六〇万ドル。

「何人の方が広告に承認を出すことになりますか?」。答え、一二のメーカーを代表する委員会のメンバー一二人。

「ベルを鳴らしてください!」と言うと、私は委員会室を後にした。

団体の広告というのは、得てしてこういうものだ。船頭が多すぎる、目標も多すぎる、しかし予算はあまりに少ない。

⑩ときには、クライアント候補が、広告を仕切るのに不可欠だと信じ込んでいる人間を雇うことを条件に仕事を発注してくることもある。こんな条件を飲んだが最後、企画会議はバカにする、チーフコピーライターは無視する、経営陣は恐喝するというたいへんな政治屋たちを抱え込むハメになる。私は「個人的につきあいのある小さなクライアントの仕事を我が社には絶対に持ち込まない」という条件つきで、有能な人材を雇うのに同意したこともある。

クライアント候補についてどれほど徹底的に調査をしても、こうしたすべての条件を満たしているかどうかは、実際に顔と顔を突き合わせないことにはわからないものだ。顔を合わせるときには、一方では自分の会社を売り込むと同時に、他方ではクライアント候補自身とその商品について、広告を請け負ってもいいかどうかを決めるに足る情報を引き出すという微妙な立場を経験することになる。ここでは自分がしゃべるよりも聞き役にまわった方が得策だ。

駆け出しの頃は、ときどき、仕事をもらおうとしているクライアントに対して十分な熱意を示さないという間違いをしでかしたこともある。あまりにも遠慮しすぎたのだ。だから、プエルトリコ・オペレーション・ブートストラップの優秀なリーダーであるテッド・モスコーソは、初めて私に会ったとき、雇われようと雇われまいと別に私にとってはどうということはないのだろうという印象を受けたそうだ。誠心誠意プエルトリコのために仕事をしたいのだということを彼に信じてもらうのに、ずいぶん時間がかかったものだ。

プエルトリコの広告会社として指名されるとすぐに、私はモスコーソにこんな手紙を書いた。

我々は、アメリカ本土の人が今プエルトリコに対して抱いている「貧しくむさ苦しい」というイメージを払拭し、「美しい」イメージに変えなければなりません。これこそが、プエルトリコの産業開発、ラム酒産業、観光業、そして政治的発展のために何よりも重要なことなのです。

プエルトリコとは何でしょう？　この島はどんな性格なのでしょう？　プエルトリコは世界にどんな顔を見せればいいでしょう？　プエルトリコは、単に産業革命の産みの苦しみの渦中にある後進国にすぎないのでしょうか？　リベラリズムを標榜するマックス・アスコーリが言ったように「ニューディール主義者たちの台湾」であり続けることになるのでしょうか？　現代の北フィラデルフィアになる過程にあるのでしょうか？　それとも、その経済という体の中には魂が息づいているのでしょうか？

プエルトリコは俗悪な観光客の大群に踏み荒らされて、二流のマイアミビーチとなってしまうのでしょうか？　自分たちがいかにアメリカ的であるかを示そうと焦るあまり、スペインから受け継いだ遺産を忘れてしまってはいないでしょうか？

悲劇は差し迫っていますが、それを現実のものにしてはなりません。それを防ぐための確実な方法のひとつが、プエルトリコを、誰もが心を動かされずにはいられないような素晴らしいイメージで世界に知らしめる長期的な広告キャンペーンを開始することです。復興するプエルトリコ、プエルトリコ・ルネッサンスというイメージを提示することです。

テッド・モスコーソとムニョス総督はこの提言を受け入れ、我々はキャンペーンにかかった。そのキャンペーンは九年後の今もまだ続いている。これはプエルトリコが幸運を手中にするのに、はかりしれない影響を及ぼした。おそらく広告キャンペーンが一国のイメージを変えた唯一の例ではないかと思う。

一九五九年のある日、モスコーソと私は、ホテル・センチュリーでビアズリー・ラムル、エルモ・ローパーと昼食を共にしていた。一緒に私のオフィスに歩いて帰る道すがら、モスコーソがこんなことを言いだした。「デイヴィッド、君はプエルトリコの広告をもう五年もやってくれている。今日これから、君のクライアント全部に電話して、ある提案をしようと思うんだ。もし君が今後一切新しいクライアントの仕事を引き受けるのをやめてくれたら、我々は絶対に君をクビにしないと約束する。今後は君のエネルギーをすべて、すでに受け持っているクライアントのために捧げることにして、これ以上新しいクライアントを追いかけて時間を無駄にするのはやめてくれないだろうか」

この奇抜な申し出には激しく心を動かされ、ぜひこの計画を進めてほしいと思った。新しいクライアントをものにするのは確かにエキサイティングだが、ひとつ手に入れるたびに、やらなければならない宿題も増える。仕事は週に八〇時間でもう十分だ。しかし若い共同経営者たちは、新しい挑戦に飢えている。それに、最高の広告会社と言えども契約を打ち切られることはあるものだ。クライアントが会社を売ることだってある。広告の切り盛り役としてゴロツキを雇うこともあるし、そんなゴロツキが来たら私は即刻やめさせてもらう。だから、新しいクライアントの獲得をやめるというのは、出血多量で死への道をたどり始めるのと同じだ（だからといって、ベン・ダフィーの例に従えと言うわけではない。彼がBBDOの社長だったとき、頼まれる広告を手当たり次第に何でも引き受けた挙げ句、遂にクライアントは一六七社にもなった。このプレッシャーで彼は危うく死ぬところだった。逆にスタンリー・レゾーは、J・ウォルター・トンプソンの社長になった一年目に、儲けが出ない細かいクライアントを一〇〇社も切り捨ててしまった。これが、J・ウォルター・トンプソンが世界最大の広告会社になる第一歩だった）。

熱意を示せば「どんなときも必ず」成功につながるとはかぎらない。私も、我が社の基準に合わないという理由で仕事を断ったことが五、六回はあるが、断ったことによって余計にクライアントの気持ちに火をつけ、ぜひとも我々に広告を頼みたいという気にさせることになった。

スイスの有名な時計メーカーが広告を頼んできたとき、我々は断ることにした。この広告はスイスの本社ばかりでなくアメリカの輸入業者の承認も取りつけなければならないことになっていたからだ。広告会社は二人の主人に仕えることなどできない。しかし頭ごなしに断りを入れる代わりに、もし手数料を通常の一五パーセントではなく、二五パーセント払ってくれるならお引き受けしましょうと言ってみた。するとクライアントは一も二もなく了解したのだ。

新しい広告会社を探している企業が、候補にしている広告会社の名前を新聞紙上に発表することがある。こんな形で我が社が候補の一員だということが知れわたったときには、競合から身を引くことにしている。公衆の面前で負けるリスクを冒すのは賢明とは言えない。勝つときは目立ちたいが、負けるときは秘密にしておきたいものだ。

四社以上の会社が競合する場合は、最初から参加しないことにしている。競合他社がいる場合、何度も長い会議を繰り返すことになる。人気のある広告会社は、ほとんどすべてのクライアント候補の選択肢にリストアップされているのだから、そういうところのトップはこれによっていたずらに時間を空費することになりがちだ。我々には他に料理すべき魚がある。すでに請け負っているクライアントという魚だ。

クライアントとの見合いでもっとも望ましいのは、他の広告会社が絡まない場合だ。だが企業側は、何社かを比較せずに新しい広告会社を決めるのはよくないと思い込んでいるらしく、こういうケースは今日ではますます珍しくなっている。4章で、そういう企業向けに新しい広告会社を選ぶ正しい方法について特別にタダでアドバイスしてあげることにしよう。

クライアント候補にプレゼンする際には、広告会社のほとんどはこれでもかというほど大勢の人間を送り込む。広告会社の社長は部下を紹介するだけで、後は部下たちが展望について代わるがわる熱弁を振るうのだ。私は常にプレゼンは自分で行うほうがいい。ほとんどの場合、最終的に広告会社を選ぶのはクライアント側の社長なのだから、リーダー相手に弁を振るうのはリーダーであるべきだ。

また、話し手がしょっちゅう変わると、当の広告について競合している他の広告会社と見分けがつかなくなってしまうということもわかった。オーケストラはどれも似たり寄ったりに見える。しかし、指揮者を取り違えることはありえない。

シアーズ・ローバックの広告のためのプレゼンには、私自身が単身で〝敵〟の取締役会に乗り込んだ。目の肥えた企業は、人海戦術などにはごまかされないものだ。新しいビジネスを勝ち取ることにかけてどこにも負けない経歴を持つ広告会社は、リーダーの独奏にすべてを賭けているのだ（もし独奏を任せるべき人物が不快な人柄である場合、広告を勝ち取るためには、ともかく「誰か一人が行う」という点にだけ重点を置かざるを得ないだろう）。

私はいつもクライアント候補に対して、我が社にはごく小さいながら致命的な弱点があることを告白する。骨董屋に「家具に傷があるので注意してください」と言われると、その骨董屋のことをすっかり信用してしまうのに気づいたからだ。

では弱点とは何か？　もっとも重要な二点はこういうことだ。

●我が社には広報部門がない。広報はクライアントの企業自身が行うか、専門家の助言を仰いだ方がいいと考えているからだ。

●我が社はTVで派手な番組を作ったことがない。こうした大がかりなエンターテインメントはどうも好きになれない。よほどの例外を除けば、それを見る視聴者数の規模の割にはコストがかかりすぎる。

どれほど頑張ってみても、新しいクライアントをちょうど都合のいい間隔で獲得できた試しがない。何ヶ月も続けてまったく仕事が入らないと、二度とクライアントなど見つからないように思える。社員はがっくりとうなだれる。そこへ、美女が立て続けに三人も現れて、手に負えないほど大量の仕事を至急こなさなければならなくなる。これを解決するたったひとつの方法は、クライアント候補の順番待ちリストを作って、こちらの都合のいいときにひとつずつ受け入れることだが、まあそんなことができるようになれば世も末かもしれない。

3

クライアントとの関係を持続させるには？

「逃げられない」ための具体策

七年目の浮気は、何も夫婦に限ったことではない。広告会社とそのクライアントにも同じことが起きる。平均的なクライアントは、七年ごとに広告会社を変える。広告会社に飽きてしまうのだ。グルメが、専属のシェフのレパートリーに飽きるのと同じことだ。

新しいクライアントを獲得するのはうっとりするような経験だが、失うとなると、それはまさに地獄の苦しみと言っていい。これ以上取引終了を言い渡されないよう他のクライアントを納得させるにはどうすればいいのか？　逃げたクライアントが取りつけ騒ぎを起こしたのをキッカケに破綻してしまった大手広告会社を私は二つも見てきた。まったくうんざりする光景だ。

取引先を失ったのが自分のせいだとわかっているとき、広告会社の社長はどう良心の呵責を和らげればいいのだろう。

並の良識があるならば、自分のバカさかげんの埋め合わせとして、その広告にベストをつくした人々をクビになどしない。そういうスタッフの中には類い稀な才能を持った人物がいるかもしれないし、次の仕事にその才能が必要になるかもしれないのだから。

しかし、彼らを引き止めておくだけの余裕があるだろうか？　そんな余裕はないのが普通だ。たったひとつの広告を失っただけで、一〇〇人もの人間をクビにせざるを得なかった広告会社はいくつもある。クビにされたかわいそうな人の中には、別の職に就くにはすでに年をとりすぎている者もいる。広告会社が高いサラリーを払わなければならない理由のひとつがこれだ。ありとあらゆる職業のうちでも、広告業は、おそらく芸能界の次に不安定な職業だろう。

広告会社を経営するつもりなら、常に断崖絶壁の縁を歩くのを覚悟することだ。生まれつき臆病で怖じ気づきやすい性格なら、常に苦悩にさいなまれることになるだろう。この道はいばらの道なのだ。

友人に医者がいるが、彼がうらやましい。患者はたくさんいるから、一人くらい来なくなってもどうということはない。一人の患者に逃げられたことを新聞に書き立てられ、他の患者全員にそれを読まれることもない。

弁護士もうらやましい。他の弁護士が自分のクライアントにちょっかいを出すはずがないのがわかっているから、心安らかに休暇を楽しめる。今や私も一九もの素晴らしいクライアントを持っている身だから、広告会社が他社のクライアントをそそのかすのを違法にする法律が通ってほしいものだと思っている。スウェーデンでは、大手広告会社が運動を起こし、そうした法律を明文化している。喜ぶべき取引制限だ。

クライアントになるべく逃げられないようにする方法はある。

まず何よりも、自社で最高の頭脳を、新しいクライアントを追いかけるのに差し向けるのではなく、今あるクライアントへのサービスに充てることだ。私は、AE（アカウント・エグゼクティブ。取引先担当責任者）が新しいクライアントを探すのを禁じている。競馬にはまるのと同じで、ワイロに屈することになるからだ。今あるクライアントをないがしろにするようになり、かくて急速に取引先の顔ぶれが変わりだすのだ。

二番目に、情緒不安定でケンカっ早い担当者を入れないことだ。マディソンアベニューには、無意識にクライアントの拒絶反応を引き出すマゾヒストがそこら中にひしめいている。素晴らしい才能がありながら、手がけた広告をすべて失ってしまう人間を何人も知っている。かと思えば、絵に描いたように平凡に見えて、その実広告会社とクライアントの間に静かで安定した関係を作りあげる天才もいる。

三番目に、頻繁に広告会社を取り替えてきた前科持ちのクライアントを避けることだ。自分なら浮気癖を治せるはずだと思うかもしれないが、何度も離婚を繰り返してきた人間と結婚するのと同じように、この勝負の勝ち目は少ない。

四番目に、クライアントのあらゆるレベルの人とコンタクトを保つことだ。しかし、大手の広告主の階級構造が何層にも積み重なった現在、これはますます難しくなっている。ブランド統括部長アシスタントの直属の上司はブランド統括部長で、そのまた上司は事業本部長、そのまた上司がマーケティング担当副社長、そのまた上司が取締役副社長、それから社長、会長へと続いている。そのうえコンサルタント、委員会、技術スペシャリストの一群が、外野から広告会社に野次を浴びせる。企業の会長や社長は、広告会社とは直接のコンタクトは一切とらないというのが、どうも今のはやりのようだ。

もちろん、今でも広告について重要な決定を下すのは会長であり社長であるわけだが、彼らは広告会社の人間と実際に顔を合わせることはない。そして子分たちは、間をとりもつには心許ないことが多いのだ。企業の宣伝部長の口から、社長なら口にするはずもないようなバカな発言があったというような話をよく聞かされる。取引先の社長も同じように、私が言うはずもないバカなことを言ったと聞かされることだろう。その結果、あっというまにお払い箱になってしまうというわけだ。

第一次世界大戦中のこんな話を思い出す。ある旅団の副官が、前線の塹壕《ざんごう》から司令部まで口頭で伝言を送った。最初のメッセージは「援軍を送れ、我々は前進する」だったのだが、それが司令部に届いたときには「三、四ペンス送れ、我々はダンスに行く」となっていた。

大企業のトップが広告会社によそよそしい態度をとるのは、広告というもの自体を嫌っているからでもある。広告は、彼らにとってあまりにも漠然としたものに思える。新しく工場を建設したり、新たに株を発行したり、原料を買ったりする場合、それでどういうことになるかがはっきりわかっている。こうした計画は、自分たちの決断の正しさを株主に証明するのに必要な事実や数字と共に、決まりきったやり方で提示される。しかし、広告はいまだに不正確な投機なのだ。初代のリーバーヒューム卿が不平を漏らしたように（次いでデパートの父と呼ばれる実業家のジョン・ワナメーカーも同じことを言ったが）、「広告に使う金の半分は浪費されている。問題はそれがどっちの半分かがわからない」ということなのだ。

製造、経理、あるいは研究職からのし上がってきた製造業者のトップは、広告人がものを言うときのあまりの歯切れのよさに疑わしいものを感じる。はっきりものを言わないうすのろが広告会社のトップとして成功することがあるのはそういうわけだ。彼らはクライアントを安心させるのだ。

さらにもうひとつ、クライアントをなくす危険を減らす方法がある。私の提唱する「冷蔵庫作戦」を実行することだ。クライアントが新しいキャンペーンにゴーサインを出すやいなや、すぐに別のキャンペーンを準備し、テスト・マーケティングにかけるのだ。こうしておけば、最初のキャンペーンが不発に終わった場合、あるいは何かしら主観的な理由でクライアントのボスの不興を買ったりした場合でも、次の一手の用意ができているということになる。常に次の準備を怠らないために努力し続ければ、当然利益に食い込む。コピーライターも苛立つだろうが、結果的に広告を任される期間を長くすることになる。

私はいつもクライアントの立場に立って物事を考えるよう努めている。そして家族の一員として考えることができるように、クライアントの株を買う。ビジネスの全体を把握できれば、より堅実な忠告ができるようになる。もしクライアントの取締役会の一員にしてくれるなら、彼らの利益を自分の利益と同一視するのももっとたやすくなるはずだ。

若くてやり手の広告人は、二つのクライアントの広告を組み合わせてみようという「名案」をよく思いつく。たとえば、一方のクライアントがコンテストを行い、その賞品にもうひとつのクライアントの製品を使うというような提案だ。あるいは、同じ雑誌広告を、二つのクライアントが分け合うというようなことだ。

しかしこうした抱き合わせは、広告会社にとって危険である。ほとんどの場合、どちらのクライアントも、自分の方が割を食っていると感じてしまうからだ。クライアントの仲を仲裁しようとすれば、鼻に一発食らうのがオチだ。私はクライアント同士を近づけないようにしてきた。ハサウェイとシュウェップスの社長同士が会ったのは、二人が同じ日の朝にロールスロイスを買いに行ったときだけだ。

また私は、「他のクライアントとの先約があるから御社の販売会議には出られない」などとは決して言わない。何人もの妻とうまくやっていくためには、どの妻にも自分こそが唯一の恋人なのだと思わせることだ。あるクライアントに、別のクライアントのキャンペーンの成果を聞かれたら、私は話題を変えてしまう。質問したクライアントは苛立つかもしれないが、もし私が彼の知りたい情報をしゃべったとすれば、おそらく自分の会社の秘密も他社に漏らすような軽率な奴だと思われてしまうだろう。ひとたびクライアントの信用を失えば、万事休すだ。

クライアントが無能な宣伝部長を雇ってしまったがために、その人間を糾弾しなければならなくなることもある。しかし、そんな経験は一五年間で二回きりだ。最初の宣伝部長は精神異常だったため、我が社を半年前に辞めてもらった男だった。もう一人の宣伝部長は病的な嘘つきだった。

しかし道理をわきまえたクライアントも、自社の経営トップと広告会社との間のコミュニケーションに問題があれば、警告を発するのは広告会社側の責任だと思っているらしい。一度など、我が社のAEが、クライアントのブランド・マネージャーのマーケティング・プランを代作していることを知らせなかったと言って、クライアントから糾弾されたことがある。

クライアントは我々のAEを排斥するのをためらったりしない。彼らが正しいこともあり、間違っていることもある。どちらにしても、煙が炎を上げて燃え広がって、広告会社とクライアントの関係すべてを破綻させないうちに当の犠牲者を他の仕事に就かせることが、関係者全員にとって望ましい。

我が社でももっとも有能な同僚が、ある年、三つのクライアントから立て続けに排斥されたことがあった。彼はこの経験にすっかり打ちのめされてしまい、永久に広告の仕事をやめてしまった。こうした危機を切り抜けて生き延びるにはあまりにデリケートな人は、広告会社のAEなどにはならないほうがいいのだ。

私は常にクライアントの製品を使っている。何もおべっかでやっているわけではなく、礼儀としてなすべきことをしているまでだ。

私の使っているものは、ほとんどがクライアントのいずれかの手になるものだ。シャツはハサウェイだし、ローソク立てはステューベン、車はロールスロイス、そのガソリンタンクを常に満タンにしているのはスーパーシェル、スーツはシアーズ・ローバックで仕立てている。朝食はマックスウェル・ハウス・コーヒーかテトリー・ティーに、ペパーリッジ・ファームのトーストを二枚。ダブで顔を洗い、バンで体臭を予防する。パイプに火をつけるのはジッポライターだ。日が落ちてからはプエルトリコ・ラムかシュウェップス以外は飲まない。私の読む雑誌や新聞は、インターナショナル・ペーパーの工場で生産された紙に印刷されたものだ。休暇に出かけるとき（行き先はイギリスかプエルトリコ）には、アメリカン・エキスプレスで予約を入れ、KLMオランダ航空で飛ぶかP&Oオリエントライン汽船に乗る。

こんなふうにしてはいけない理由があれば教えていただきたい。これらはこの地上で最高の製品でありサービスではないか。そう信じればこそ、私はこれらを宣伝しているのだ。

クライアントが我が社を選ぶのは、最高の広告会社だと判断したからだ。クライアントの顧問たちは、我が社にどんなことができるか徹底的に考慮したうえで、そういう結論に達したわけだ。しかし時が経てば、顧問の顔ぶれも変わる。こういう事態になったら広告会社は、前任者の広告会社の選択が正しかったことを新しい顧問に納得してもらうことだ。新任者は、新しいクライアント候補者と同じように扱わなければならない。

クライアントが大企業なら、我々もこのようにひっきりなしに売り込み直さなければならない。時間も食うし退屈な仕事ではあるが、何より大事な仕事である。改革に燃える新任者というのは、安定した広告会社とクライアントの関係にとって常に脅威なのだ。

広告会社にとってもっとも恐ろしいことは、クライアントとのつながりを、たった一人の個人的な絆に頼ることだ。もし大手メーカーの社長が、あなたの広告会社の社長が気に入ったからと雇ってくれた場合には、大急ぎであらゆるレベルの人との絆をこしらえることだ。将来にわたって仕事が保証されるのは、あらゆるレベルでクライアントとつながっているときだけだ。

クライアントとのコンタクトはAEだけに限るべきだという説に、私は与しない。調査、メディア、コピー、アート、TV番組、販売促進等々を含めたサービス部門の全員がクライアントを知ることによってよい結果が生まれるのだ。しかしこれはときにおかしな問題を引き起こすこともある。というのも、我が社の裏方には必ずしも如才ない人物が揃っているわけではなく、風采だけ見ればお粗末な人間もいるからだ。クライアント側に見る目がなければ、舌足らずの青二才に売り上げを倍増するようなCMを書く才能を見出すことはできない。

イエスマンに未来はない

医者は、患者に対して「あなたは深刻な病気にかかっている」とはなかなか言いにくいものだ。それと同じで、クライアントに対して、あなたのところの製品には重大な欠陥があるとはなかなか言えない。あからさまに欠点を指摘されると、女房をこき下ろされるより憤激するクライアントもいる。メーカー側は自社の製品にプライドを持ちすぎるあまり、その短所にはなかなか目がいかない。しかし、どんな広告会社も、いつかはこんな面倒を片付けざるを得ないときがやってくる。

正直に言えば、私はこれが苦手だ。あるクライアントに、その社のパスタの固さがどうも一定していないようだと指摘したときは、「自分が好きでもない製品を、あなたはどうやって宣伝しようというのですか」と言われてしまった。そして我が社は切られた。しかし最近では、たいていの場合クライアント側は率直な意見を歓迎する傾向にある。その意見が消費者リサーチに基づいている場合はとくにだ。

広告会社の社長はあまりに多くの責任を抱えているため、クライアントと直接会うのは危機的状況になったときだけ、ということになりがちだ。しかしこれは間違いだ。すべてが順《じゅん》風満帆《ぷうまんぱん》のときにも常にクライアントと会うことを習慣にしておけば、自然と気のおけない間柄になり、いざ嵐が起きたときに命拾いする場合もある。

間違いをしでかした場合には、まずそれを認めること、それもクライアントから非難される前に認めることが大事だ。クライアントのまわりには、自分のミスを広告会社のせいにすることに長けた責任転嫁の名人がひしめいている。私は、できるだけ早いうちに責めを負うチャンスを捕まえることにしている。

だが考えてみれば、我が社はクライアントから切られた三倍、自らクライアントの元を去っている。私は自社のスタッフが暴君にいじめられるのを許さないし、基本的に妥当だと認めないかぎり、クライアント主導でのキャンペーンは行わない。そんなことをすれば、広告会社のもっとも貴重な財産であるクリエイティビティに対する評判を危うくする。

友人でリーバブラザーズのジェリー・バブは、従来のリンソ粉石鹸と、新製品のリンソ・ブルー洗剤を一緒に宣伝しようと言って聞かなかった。私には二つの製品をひとつの広告で宣伝するのは、とくにそのうちのひとつは新しくもう一方が時代遅れである場合、割に合わないということが、先例の研究でよくわかっていた。さらに悪いことには、ジェリーはキャンペーンに突拍子もなく陽気なメッセージを入れろと指示した。

何週間もの間、私はタイドなど他の洗剤で成功したようなシリアスなキャンペーンのアイデアを売り込もうとしてみたが、ジェリーは決して自説を曲げなかった。雲行きが怪しくなってきた。彼の右腕と目される部下が、言われたとおりにしないと取引中止になると警告してきた。ついに私は白旗を揚げた。広告史一バカげたコピーを書くには、二時間とプエルトリコ・ラム一パイントが必要だった。そのコピーは韻を踏んだ詩の形で、「男の子に女の子、遊びに出ておいで」の節に合わせて歌うものだった。

リンソ・ホワイト？　リンソ・ブルー？
石鹸？　洗剤？　どちらにします？
どっちを使っても新品より真っ白

奥さん、あなたのお好み次第！

この恐るべきヘボ詩が予定どおり世に出ると、私のメンツは修復不可能なまでに丸つぶれになった。我が社のスタッフは、ついに私の気がふれたと思い、リーバブラザーズの実務レベルのスタッフは、どんな広告を打てば主婦が洗剤を買ってくれるかについて私は何も知らないのだと結論を下した。半年後、我が社はお役ご免になった。当然の報いだ。

しかし、損害はそれにとどまらなかった。それから何年もの間、志の高いマーケティング担当者はオグルヴィ・ベンソン&メイザーに入社してくれなくなり、「あのバカげたリンソの広告のことは、私自身、君と同じようにくだらないと思っている」と言って初めて一人確保することができた。

このエピソードから、大局的戦略についてクライアントに歩み寄ろうとするのは割に合わないことが身にしみてわかった。屈辱的譲歩は一度でたくさんだ。

それから、我が社の採算がとれない場合も、手を引かせてもらうことにしている。

リード&バートンの場合がそうだった。我が社に支払われる手数料は、必要とされるサービスをまかなえるような額ではなく、しかもこの同族会社の経営者ロジャー・ハロウェルは、我が社の被った損を埋め合わせようという気がなかった。ロジャーのこともリード&バートンのスタッフも好きではあったが、損をしてまでいつまでも取引を続けることはできなかった。みすみす我が社に手を引かせたのは、彼らにとって痛いミスだっただろう。我が社は銀食器の新しいパターンの予備テストをどんなふうにするかを教え、彼らの利益に大きく貢献していたからだ。新しいパターンを立ち上げるには五〇万ドルかかったし、男性である重役には、一九歳の花嫁がどんなパターンを好むかなどまったく予想もつかなかったのだ。

私はまた、製品に対する信頼をなくしたときも、広告から手を引くことにしている。自分の女房に買わせたくないような商品を消費者に買わせようと仕向けるとは、広告人として許すべからざる不誠実ではないか。

クロード・ホプキンスの跡を継いで、ロード&トーマスのチーフコピーライターになり、その後ソープ・オペラ（メロドラマ）を発案して大金持ちになったフランク・ハマートに、かつてこんなことを言われたことがある。「クライアントというのはすべてブタのような奴らさ。最初はそんなことはあり得ないと思ってるだろうがね、そのうち考えが変わるよ」

だが、私の経験ではそんなことはなかった。もちろん、一握りほどブタのような奴らにもお目にかかったが、そういうところからは手を引いてやった。ごく少数の例外を除けば、私は自分のクライアントを愛してきた。もし私がこの仕事をしていなかったら、アメリカのベネズエラ大使になり、「進歩のための同盟」のリーダーである偉大なるプエルトリコ人、テッド・モスコーソと親しくなることなどなかっただろう。また、もしステューベン・グラスの広告を手がけなければ、アーサー・ホートンと友情を結ぶこともなかっただろう。産業史始まって以来最高のコンテンポラリー・アーティストのパトロンであり、稀覯《きこう》書の権威として名をはせ、誰よりも想像力にあふれた慈善家でもあるこの人がクライアントになったことを知った日は、私にとって最高に素晴らしい日だった。

よき友になったクライアントを数え上げれば、長いリストになる。ハサウェイのエラートン・ジェッテは、コルビー・カレッジの評議委員会に私を推すようはからってくれ、私の人生を豊かにしてくれた。P&Oオリエントライン汽船のサー・コリン・アンダーソンは、スコティッシュ・ダンスと刺繍の両方に熟達した唯一のクライアントだ。シュウェップスのホワイトヘッド海軍中佐は、クライアントとして知り合って、後にもっとも親しい友達になった。一緒に船の難破にも遭ったし、彼の奥さんと私の妻は、お互いに夫の見栄っぱりについて愚痴をこぼし合ってストレスを発散している。

ヘレナ・ルビンスタインにはいつも感歎せずにはいられない。この小柄なポーランド美人は、一九世紀にオーストラリアでそのキャリアの第一歩を歩み始め、一八歳のときにはすでに三万ポンドを稼ぎだしていた。彼女は私を見出す前に母権帝国を築き上げていて、世界中にある会社の舵とりをしていた。会社での彼女の恐ろしさと言ったらないが、同時に抗し難いユーモアの持ち主でもある。厳しい会議の最中に、笑いの発作に襲われた彼女が、涙を流しながら身をよじって笑っているのを一〇〇回は目にしている。友人としての彼女は、陽気さと寛大さを兼ね備えた素敵な女性だ。

マダム・ルビンスタインについてもうひとつ感歎するのは、その気どりのなさだ。彼女は見かけどおりに非凡な人間なので、気どる必要などないのだ。グラハム・サザーランドが描いた彼女の肖像画を見ても、それがよくわかる。

真の「チームワーク」とは?

広告会社の中には、何をやるにも委員会を作るという熱に浮かされているところもある。彼らはチームワークを自慢し、個人の果たす役割にケチをつける。しかし、「チーム」にコピーを書くことはできないし、ひとかどの広告会社で、一人の人間の影響を色濃く受けていないところなど、おそらくひとつもないだろう。

ときどきクライアントに、もし私が車に轢《ひ》かれたりしたら、あなたの会社はどうなるのかと聞かれることがある。もちろん、そうなれば我が社は変わるだろう。ベントン上院議員とボウルズ知事が去った後、彼らの広告会社ベイトン&ボウルズは変わった。それもよい方にだ。J・ウォルター・トンプソンは、トンプソン氏が去った後も生き延びている。ヘンリー・マッキャンの引退後、マッキャン・エリクソンは絶好調だ。広告会社史上、おそらくもっとも優れたリーダーだったレイモンド・ルビカムの引退でさえ、ヤング&ルビカムの成長を止めることはできなかった。

産婆と同じで、私は赤ん坊がこの世に生まれる手助けを生業にしている。私の場合、とりあげる赤ん坊は新しい広告キャンペーンだが。

週に一、二度は分娩室に赴き、プレゼンテーションと呼ばれるものをとり仕切る。畏怖すべきこの儀式には、我が社から部下が六、七人と、クライアント側首脳陣の大物が出席する。ここでの雰囲気はピリピリと張りつめたものだ。クライアントの方は、何百万ドルものコストを注ぎ込むキャンペーンを承認するよう求められているのがわかっているし、広告会社側はこのプレゼンを準備するために時間と貴重な財産を投資してきたのだ。

我が社では、上級幹部が出席する企画委員会で、必ずプレゼンのリハーサルを行う。このメンバーは、今までに出会ったどんなクライアントよりも手厳しい批評家で、しかもクライアントとは比べものにならないぶっきらぼうな言葉で遠慮なくこき下ろす。そこでの吟味を終える頃には、当然キャンペーンはいいものになっているというわけだ。

だが、どれほどきちんとプレゼンを裏づけしようと、プランナーがどれほどマーケティングの現実を見極めようと、コピーライターがどれほど素晴らしい手腕を発揮しようと、プレゼンという舞台では恐るべき不測の事態が起きるものだ。

早朝から始める場合、クライアントは二日酔いしているかもしれない。かつて私はシーグラムのサム・ブロンフマンに対する新しいキャンペーンのプレゼンを、あろうことか昼食後にしてしまったことがある。彼はぐっすり眠り込んでしまい、目覚めたときには恐ろしく不機嫌になっていて、我々が何ヶ月もかけて準備したキャンペーンを却下してしまった。ちなみにブロンフマンは、ほとんどの広告会社がとっている「何人ものスポークスマンが出てきてプレゼンを行う」という方式を嫌っていた。私も同じだ。一人の人間がすべての話を引き受けた方が聴衆の気は散らない。ただしこの役を担う人間は、社内で一番説得力があり、かつ詰問にも耐えられるように徹底的に計画を把握していなければならない。

私は、たいていの広告会社の社長よりもプレゼンに立つ回数が多い。ひとつには自分こそ誰よりも説得力があると思っているせいだし、またひとつには、広告会社の社長本人がそのプレゼンに関わっているのをクライアントに示すのに、これほどのチャンスはないと思っているからである。法廷弁護士でさえ、非情なほど次々と定期的に予定されるプレゼンの準備のために、こんなにしょっちゅう徹夜はしないだろう。

プレゼンの準備は、どれほど苦労したとしても報われる。プレゼンはできるかぎり明快に、かつマンネリに陥らないように心がけなければならない。そして、反駁《はんばく》できないような事実を織り込むことだ。

クライアントの中には、しっかりと裏づけされたプランに基づくプレゼンを好まない人もいる。彼らはまるで展覧会で絵を選ぶように、余計な情報に惑わされずにプランそのものを評価したいのだ。シュウェップスのサー・フレデリック・フーパーはこの一派の一人だ。初めてマーケティング・プランをプレゼンしたとき、彼はすぐ飽きてしまった。三〇分ほど面白い文芸批評でも聞かせてもらえるかと楽しみにしていたのが、これでもかというほど退屈なマーケティングの実態を聞かされるハメになったからだ。プレゼンの一九ページ、彼の基本前提とは矛盾する統計のところにさしかかると、とどろくような声で彼は言った。「オグルヴィ、君の広告の統計的アプローチって奴はまるっきり大人げないな」

このご挨拶を聞いて、プレゼンを準備した統計の専門家たちがどんな反応をするかは疑問だったものの、ともあれ私は意見を曲げなかった。五年後、サー・フレデリックは、彼が主催する広告の会議で話をするようにと私を招いてくれ、謝罪をしてそのときの埋め合わせをしてくれた。その会議での私の話の最後を、「結局のところ、クライアントは本当のことを言ってくれる広告会社に感謝する」という、最近彼の到達した結論で締めくくってはどうかとまで言ってくれた。その頃までにアメリカにおけるシュウェップスの売り上げは五一七パーセントも伸びていた。その後も我々の蜜月は続いている。

他にも、事実を突きつけられて混乱させられるのを嫌ったあるクライアントは、私にこんな文句を言った。「デイヴィッド、君の会社の問題は、客観的に物事を考えるスタッフが多すぎるってことだ」

複雑なプランを委員会で説明するのに一番便利なのは、大きな紙をめくれるイーゼルを使って、発表者が声に出してそれを読みあげることだろう。こうすれば、その場にいる全員が、今発表者がしゃべっていることに集中することができる。このとき発表者が気をつけるべきなのは、「声を出して読んでいる間、印刷されたテキストから決して目を離させないこと」だ。聴衆に目と耳の両方から内容を叩き込むのだ。どうでもいいことに聞こえるかもしれないが、これはプレゼンの正否に関わる重要なポイントだ。ある言葉を目で追っている間に、別の言葉が耳から入ってくると、受け手は混乱して集中力をそがれてしまう。

私は今でも、プレゼンの前には毎回死ぬほど緊張する。とくに自分の英語の発音がどんな効果を与えるかを考えるとハラハラしてしまう。

私のような外国人がアメリカの主婦の行動に何らかの影響を与えることができると断言できるようなアメリカ企業がどれだけあるだろう？　しかし内心、私はプリンストンのギャラップ博士のもとで何年かを過ごしたことによって、アメリカ人消費者の習慣やメンタリティについては、たいていのアメリカ人コピーライターよりも通暁《つうぎょう》していると自負しているし、プレゼンが進むにつれて、それがはっきりと現れてくれることを期待している。だから、誰も疑いを差しはさめないような自明の理から話を始めることにしている。聴衆が私のイギリス式アクセントに慣れた頃を見はからって、異論のあるかもしれない意見を持ち出すのだ。

初めてスタッフにプレゼンを任せたとき、私がいると彼が緊張すると思い、隣の部屋に隠れて覗き穴から出来を見守った。ギャレット・ライデッカーという男だったが、彼は私よりもはるかにうまくやってのけた。

最近は、プレゼンについて一流の腕を持った共同経営者が何人かいるので、私ももう会議室にいるのをためらうことはない。私が質問攻めにしたところで、平静を失わないコツを彼らは身につけている。

プレゼンに続くディスカッションでは、私たちは広告会社側でもクライアント側でもない姿勢を打ち出すよう努力している。すると、従来は広告会社とクライアントの間に一線を画していた立場の違いというものを超えた仲間意識が生まれてくるのだ。

広告会社の中には、AEがクリエイティブ部門を牛耳ることが許されているところもある。こうすることで好印象を持つクライアントもいる。彼らは「ビジネスマン」に広告を担当してもらった方が安全だと信じているのだ。しかし、こうするとコピーライターを阻害する雰囲気が生じ、結局のところ二流の広告しか作れないことになってしまう。

そうかと思えば、AEが、まるでキャンペーン企画制作者からクライアントへと、デザートを運ぶウェイターに毛が生えたような存在になっている広告会社もある。彼らは、クライアントが何か修正を提案しても、まず本社に相談し、どんな変更も勝手に加えてはならないとされている。自ら判断する権限を許されていないので、結局使いっ走りと同じになってしまうのだ。

私に言わせれば、どちらのやり方も嘆かわしいかぎりだ。我が社には優秀なコピーライターがいて、クライアントと交渉する権限を持ったAEと協力して仕事を進めている。AEは、コピーライターが最終的判断を下す権利を侵すことなく、広告のあらゆる段階を仕切れる成熟した大人だ。我が社の他にこうしたデリケートなバランス感覚を要するやり方ができている広告会社は、他にもう一社しか知らない。

現在我が社が手がけているマーケティング・プランは、昔私が書いていたものよりずっとプロフェッショナルで客観的だし、裏づけもしっかりしている。しかし中には、やれパーセンテージで表すだの、何々を鎮静化するだの、極大化するだのという業界用語で書かれたものもあって、見るたびに尻が落ち着かなくなる。

子どもの頃私は、毎日朝食前に聖書の中から一二節分を暗唱させられ、九歳になるとラテン語を読まされた。オックスフォード時代は、無味乾燥でユーモアに欠け退屈なドイツ流の一派をよしとしない教授連に影響を受けた。ドイツの歴史家モムゼンではなく、ちゃんと面白く読めるものを書いたギボンやマコーレイ、トレベリアンを尊敬するよう教えられてきた。こうした訓練を受けたので、仰々しい書類をやむを得ず家で読むのがどうも苦手なのだ。

仲間を「退屈させる」ことは罪悪だということを、アメリカのビジネスマンは教わってこないのだろうか。

4

クライアントに贈る「15のルール」

最近、広告と収益の関係についての経営工学的研究で輝かしい業績を誇る会社に、世界最大の広告主のひとつが研究を依頼した。この研究を手がけた統計学者は、奇妙なことに誰もが陥るワナにはまった。毎年広告に「いくらかけているか」だけが重要な変数であると決めてかかってしまったのだ。一〇〇〇万ドルを投じても効果のない広告よりも、たとえ一〇〇万ドルしかかけなくても効果的な広告の方が売り上げを伸ばせるということに気づかなかったのだ。

通販広告をやっている企業なら、ヘッドラインを変えただけで一〇倍も売り上げが伸びることにとっくに気づいている。同じ人が書いたにもかかわらず、あるTV・CMがそれ以外のCMの五倍も売り上げを伸ばしたという例もある。毎週その会社の広告を見ている人よりも、見たことのない人の方がたくさん買ってくれるというビール醸造業者も知っている。下手な広告には、商品の売れ行きをはばむ効果もあるのだ。

こうした悲劇の原因が広告会社である場合もあるが、多くの場合責めを負うべきはクライアント自身の方だ。広告は、クライアント自身に相応しいものになるものだ。私はこれまで九七社のクライアントとつきあってきたので、クライアント同士の態度や流儀を比較するチャンスにも恵まれた。あまりに態度が悪いので、どこの広告会社がやっても効果的な広告など作れるわけがないというところもあるし、逆に行いが非常によいために、どこの広告会社がやっても成功しないわけがないというところもある。

本章では、もし私がクライアントなら広告会社とつきあう際に守るだろう一五のルールを示そう。これを守れば、広告会社から最高のサービスを引き出すことができるはずだ。

①広告会社を恐怖から解放すべし

広告会社はたいてい、常に恐怖におびえている。その原因は、広告ビジネスに惹かれるような人種は元々精神的に不安定であるということもあるし、クライアントの多くが常に新しい広告会社を探していることを隠そうともしないことにもある。いずれにしても、おびえていてはよい広告など作れるわけがない。

私はロールスロイスの広告から手を引いた後、「ちょっと知り合いになっておくために」フォード自動車に勝手に押しかけようと思ったことがある。未来永劫賛美されるべきことに、そのときフォードの宣伝部長は、私を会社に迎え入れるのを断った。彼はこう言ったのだ。「デトロイトは小さな町です。もし貴殿が我が社においでになれば、必ず誰かに見られずにはすまないでしょう。現在の我が社の広告会社もそれを聞きつけて不安に思うことでしょう。

彼らを不安がらせるのは私の本意ではないのです」

もし私がクライアントなら、長期契約を結ぶことも含めて、広告会社を不安から解き放つためにありとあらゆる手をつくすだろう。友人のクラレンス・エルドリッジは、広告会社とクライアント双方の立場で仕事をした経験がある。ヤング&ルビカムの企画委員会で頭角を現した後、ゼネラルフーズのマーケティング担当副社長になり、その後キャンベルスープで上席副社長を務めた。クライアントと広告会社の関係に通暁したこの賢明極まる目利き人がたどり着いた結論はこうだ。

「クライアントと広告会社の理想的な関係を一言で言い表す言葉がある。それは、『永続的』ということだ。永続的であることを目標にするならば、そもそもの始めからそれが両者の心の中になければならない。両者の関係の中に、細心の注意を払って意識的に組み込まれなければならないのである」

アーサー・ペイジは、AT&Tの広告会社としてN・W・エアを雇った。彼は時おりエアのサービスに幻滅を覚えたが、他のクライアントのほとんどがやるようにエアを切ったりはせず、代わりにエアの社長を呼びつけて是正を要求した。その結果、AT&Tは広告会社を変えるのに伴う混乱に見舞われたことは一度もなかった。エアのジョージ・セシルという一人の人間が、三〇年間ずっとAT&Tのコピーを書き続け、非常によいイメージを築き上げるのに成功した。その結果、AT&Tは独占を嫌うこの国にあって、独占的地位を占める人気企業になったのだ。アーサー・ペイジは賢明なクライアントだった。

広告会社は都合のいいスケープゴートだ。株主に対して製品や経営に欠点があることを認めるよりも、広告会社を切る方が簡単だ。しかし広告会社に取引終了を言い渡す前に、自らこんな質問をしてみてほしい。

●P&Gやゼネラルフーズは、広告会社から最高のサービスを受けており、しかも広告会社を一度も切ったことがない。それはなぜか？

●新しく広告会社を指名すれば貴社の問題は片付くのか、それとも単に臭いものにふたをするだけなのか？　問題の根本的な原因は何か？

●競合他社によって、貴社の製品は時代遅れになってしまったのではないか？

●今、広告会社を非難している広告を仕切ったのは貴社ではなかったか？

●広告会社を恐怖にかりたててきたのではないか？

●宣伝部長があまりにもまぬけで、どんな広告会社を使おうと、その最高のアイデアを台なしにしてしまうのではないか？

●今の広告会社が貴社へのサービスの中で得た秘密を、競合他社にそっくり受け継がれてしまうことについてどう感じるか？

●広告会社を変えると、マーケティング活動が一二ヶ月以上中断することになるのに気づいているか？

●広告会社の社長と率直に話をしたか？　不満に思っていることを社長に言えば、スタッフにハッパをかけ、新しい広告会社を雇うよりよほどいい仕事をしてくれるかもしれない。

●広告会社を切ると、貴社の広告を担当していた広告会社の社員のほとんどが職を失うという事実に気づいているだろうか？　こんな悲劇を避ける方法はないのか？

私は、我が社を使いたいと言ってくれた企業に、今の広告会社をそのまま使った方がいいと忠告したことが何度もある。たとえば、ホールマーク・カードの社長が、私に打診しようと使者を寄こしたときにはこう言ってやった。「貴社の使っている広告会社は、貴社の成功に大きな貢献をしてきていますよ。他の広告会社を使おうなどというのはたいへんな恩知らずでしょう。何が不満なのか、今の広告会社にはっきり言ってやりなさい。きっとそのご不満を解消してくれるはずです。今の広告会社を変えようなどとはお考えにならないことですね」。ホールマークは私の忠告を受け入れた。

ある製缶会社から、我が社にやってみないかというアプローチがあったときも、私はこう言った。「貴社の広告会社は、現在の非常に難しい状況下にあって、素晴らしいサービスをしていますよ。彼らが御社の広告で損をこうむっていることを、私はたまたま知っているんです。取引をやめる代わりに誉めてやるべきですよ」。製缶会社の若い重役は、怒りを抑えてこう言った。「オグルヴィさん、こんな厚かましい言葉を聞いたのは生まれて初めてです」。しかし、彼の同僚たちは私の言うことが正しいと認めてくれた。

ガラスビン協会が我が社に広告コンペへの参加を求めてきたときも、これまで彼らのために素晴らしい広告を作ってきたケニヨン&エックハートをそのまま使い続けるよう助言した。しかし彼らは私のアドバイスを無視した。

②最初から適切な広告会社を選ぶこと

株主の金を多額に広告に費やし、貴社の収益が広告効果に依存しているのなら、可能なかぎり最高の広告会社を見つけるべく最大の努力をしなければならない。

シロウトは何社もの広告会社をおだてて、使うかどうかわからないサンプル広告をタダで出させようとする。こうした入札で勝つ広告会社は、社内最高のスタッフを新規広告の獲得に費やしており、既存のクライアントには二級クラスのスタッフを充てる。私が企業側なら、新規業務開拓部門などない広告会社を探す。最高の広告会社にはそんな部門は必要ないのだ。使ってもらえるかどうかわからないようなキャンペーンを作らなくても、ちゃんと仕事が入ってくるのだから。

適切な広告会社を見つけたいなら、今の広告業界の事情に通じた宣伝部長を雇って判断を仰ぐことだ。まずその宣伝部長に、貴社の広告を任せるのに最適と思われる広告会社三社か四社の代表的な広告やCMのサンプルを選ばせて、それを見てみる。次に、その広告会社のクライアントのいくつかに電話する。とくにP&Gやリーバ、コルゲート、ゼネラルフーズ、ブリストル・マイヤーズなど、広告会社を何社か使っている企業であれば、いろいろなことがわかる。こうした企業なら、一流の広告会社のほとんどについて、さまざまな角度からの情報をもたらしてくれるはずだ。

その後、そうした一流広告会社の社長に、自社の重要人物二人を連れて自宅に夕食に来るよう招待してみることだ。リラックスさせて口を軽くさせ、現在のクライアントの秘密を漏らすようなことがないかどうかチェックする。また、何かバカげたことを言ってみて、それに反論するような気骨があるかどうかも見てみる。お互い同士の関係についても観察しよう。プロの同僚同士なのか、それともケンカっ早い政治屋か。明らかに誇大な成果を約束しはしないか？　死火山よろしく生気がないか、それとも生き生きしているか？　話を聞くのはうまいか、客観的な率直さを持っているか？

何よりも、彼らが好きになれるかどうかを確かめることだ。クライアントと広告会社の関係は親密であるべきだ。相性が悪い人間と仕事をするハメになれば最悪だ。

広告会社が大手だから、貴社の広告が軽んじられるというのは誤解だ。大手広告会社で実務を扱う若い人間は、トップのお歴々よりも有能でよく働くものだ。しかし逆に、大手広告会社ならば小さな広告会社よりもよいサービスをしてくれるというのも間違いだ。貴社の広告にあたる人員は、広告費一〇〇万ドルあたり九人と、広告会社の大小にかかわらず大差がない。

③広告会社に対して、徹底的に自社の情報の要点を与えること

広告会社は貴社と貴社の製品について知れば知るほど、よりよい仕事をしてくれる。ゼネ

ラルフーズが我が社にマックスウェル・ハウスコーヒーの広告をさせたときには、コーヒービジネスについてイロハから叩き込んでくれた。来る日も来る日もゼネラルフーズ社内のエキスパートのもとに集まって、生コーヒー豆に始まってブレンドやローストの方法、市場価格からコーヒー業界の門外漢には摩訶不思議な経済学までみっちりと講義を受けたのだ。

宣伝部長の中には、あまりに怠惰なのか、あるいはあまりに無知なせいで、広告会社に適切な情報をくれない人もいる。そういう場合、我々は自分で情報を探り出さなければならない。このために最初のキャンペーンが遅れたりすれば、全員の士気をくじくことになる。

④クリエイティブな面で広告会社のライバルになるな

犬を飼っているのに自分で吠える奴がいるか？

余計な口出しをすると、才能あるクリエイティブ担当者をダメにしてしまう。もし貴社がこんなことをしているのなら、まったくもって気の毒なことだ。宣伝部長に、キャンペーンを作る責任を担っているのは広告会社であることをはっきりさせ、その責任範囲をあいまいにしないよう釘を刺しておくことだ。

エラートン・ジェッテがハサウェイの広告を我が社に任せたとき、彼はこう言った。「我々は広告を始めようと思う。広告予算は、年間三万ドル以下だ。もしこれを受けてくれるなら、君のコピーの一字一句たりとも絶対に変えないと約束しよう」。我々はハサウェイの広告を引き受け、ジェッテ氏は約束を守り、こちらが用意したコピーの一字一句も変えることはなかった。彼は我が社に、この広告に関するすべての責任を負わせたのだ。もしハサウェイの広告が失敗すれば、その責任はすべて我々にある。しかし失敗ではなかった。全国的なブランドが、こんな低コストで達成できた例は他にない。

⑤ガチョウを大事にすれば金の卵を産む

おそらく広告会社にとってもっとも重大な職務は、まだ研究所から外へ出たことがない新製品のキャンペーンを用意することだろう。この場合、我々は一から全体的なイメージを作り出さなければならない。

そう書いている今も、そんな仕事にとりかかっているところだ。この製品は、一〇〇人を超える科学者が二年の歳月をかけて作りだしたものだが、この製品に個性を付与し、どう売り出すかの計画を練るために私に与えられた時間は三〇日だ。もしこれをうまくやることができれば、この製品の成功について一〇〇人の科学者と同じだけの貢献をすることになる。

これは駆け出しには無理な仕事だ。マーケティングに関する鋭い洞察力に裏づけられた鮮烈な想像力が必要だし、商品にふさわしい名前、パッケージ、保証を選び出すのにどんなリサーチテクニックを使うべきかも熟知していなければならない。さらに競合他社がいつ同じような製品を出してくるかを察知すべく、将来を見越しておかなければならないし、何よりも、商品を初めて世に出すための広告を書ける腕がなければならない。こんなことが実行できる資質と経験を持った天才は、アメリカ中を探しても一〇人とはいないだろう。

そのうえ、ほとんどのクライアントはこれを広告会社側の負担でやることが当然と思っているのだ。商品開発の技術面に費やすコストの半分でも、売り出しのためのクリエイティブな業務にまわしてくれたら、せっかくの新製品が流産するようなことはずっと少なくなるだろう。

⑥あまりに多くの段階を経ることで、広告を痛めつけないこと

キャンペーンを世に出す前に、干渉または拒否する権利を持った社内の五つの段階それぞれの承認を得ることを広告会社に課している広告主がいる。

これは深刻な問題を引き起こす。まず秘密漏洩の原因になるし、有能な人間をだらだらと続く不毛な会議に縛りつけることになってしまう。また、広告が最初に持っていた無垢の簡潔さは失われる。そして何より悪いのは、「創造力に政治性が介入する」ことによって雰囲気を台なしにしてしまうことだ。コピーライターは、何十人もの重役の気まぐれに迎合することによって票を買うことを覚えてしまう。政治屋になり下がったコピーライターは、ジョン・ウェブスター言うところのこんな輩になってしまう。「悪魔が大砲をまねるように、政治家は悪魔をまねる。どこへ悪さをしに現れようが、必ず尻を向けてやって来る」(『白い悪魔』一六〇八年)。

現在TVで見られる手際の悪いCMの大半は、委員会が作ったものだ。委員会が広告を批判するのはかまわないが、決して広告を作らせてはいけない。

ブランドの名声や大きな財産を築き上げたキャンペーンはたいてい、信頼できるコピーライターと、共に仕事をし彼を奮い立たせるクライアントという二人の人間の共同作業から生まれたものだ。リステリンの広告でのゴードン・シーグローヴとジェリー・ランバートがそうだし、プエルトリコの広告でのテッド・モスコーソと私もその一例だ。

シーグラムが我が社に、クリスチャン・ブラザーズのワインのキャンペーンを委託したとき、この広告はシーグラムのボスであるサム・ブロンフマンのお眼鏡にかなうだけでなく、ナパヴァレーにあるクリスチャン・ブラザーズ修道院のワインセラー管理者とその仲間の修道士たちの同意も得なければならないと注意された。

子どもの頃に読んだドーデのお話で、完璧な酒を求めて実験を繰り返しているうちにアルコール依存症になってしまったというゴーシェ神父の逸話が私は大好きだった。だから、ワインセラー管理者の修道士自身を、このキャンペーンのヒーローにしようと決めた。

シーグラムはこれを了承し、セラー管理者の修道士も、ホワイトヘッド海軍中佐の聖職者バージョン役を引き受けるのをいやがりはしなかった。しかし、彼がローマにいる修道会長にレイアウトを送ったところ、その高名なる聖者が反対を表明した。しかもラテン語でだ。しばらくして、アメリカ人の枢機卿の一人が介入してきて、私は「衝撃を与えることのない」キャンペーンを作るよう命じられた。いつにないこの注文に、膨らんでいたやる気もすっかり萎《な》えてしまい、やがて提出したものは単なる聖書からの引用にすぎなかった。お伺いを立てるべき相手があまりにも多いクライアントは、解決不能な問題を引き起こすものだ。

⑦広告会社の儲けを保証すること

貴社の広告は、広告会社が扱う他のすべての広告と競い合っている。利益が上がらないのでは、広告会社の経営陣が一番の腕っこきをまわしてくれるとは思えない。また、早晩、貴社の広告の代わりに、別のもっと儲かる広告を物色し始めるだろう。

広告会社がいくらかでも利益を出すことは、近年ますます難しくなっている。広告会社がクライアントのために一〇〇ドル使うたびに、広告会社の手元に入る儲けは平均してたったの三四セントだ。こんな儲けでは何をやっても徒労というものだ。

広告主にとって一番よい結果が出るのは、広告会社にあらかじめ決まった料金を支払った場合であることが、経験から私にはわかっている。従来の一五パーセントの手数料はもはや時代遅れだ。とくに、「パッケージ」商品の広告でも同じ手数料というのは時代遅れもはなはだしい。この場合広告会社は、マーケティング予算を、手数料がもらえる広告と手数料をもらえないプロモーションとにどう配分するかについて客観的にアドバイスするよう求められる。広告会社の利益は、いかに手数料をもらえる広告を増やすかにかかっているのに、偏らないアドバイスを求めるなど、どだい無理な話だ。

クライアントと広告会社の関係がもっともうまくいくのは、広告会社がクライアントを説得して広告にできるだけ金を使わせ、それによって報酬を確保しようとしなくていい場合のようだ。私は、クライアントにもっと広告費を使った方がいいとアドバイスしても、真意を疑われることがないような立場でいたい。それに、広告予算をもっと減らしてもいいとクライアントにアドバイスしても、我が社の株主に恨まれることのない立場でありたいものだ。

私は広告会社間の価格競争を恐れてはいない。値下げ競争をしているうちに、質のよい広告会社はより強化され、質の悪い広告会社は淘汰されるだろう。かくして広告会社の全体的水準は高まる。質のよい広告会社は、質の悪いところより高い支払いを受けるべきなのだ。

「オグルヴィ・ベンソン&メイザーはフィー（広告主に直接一定額を請求する方式）で広告を請け負う」という発表は、広告業界以外の心ある多くの人々に喝采をもって迎えられた。マッキンゼー&カンパニーの社長は「貴殿はその発表によって、広告会社への報酬に関する時代遅れの方式を公に攻撃し、真のリーダーシップを発揮してくれた」と書いてくれた。クラレンス・エルドリッジは「広告会社への報酬という問題に関して、勇気を持って、論理的かつ現実的に従来のやり方を打ち破ってくれたことにお祝いを申し上げる。これは飛躍的な大進歩である」と言った。

しかし、フィー制度への私の改革路線は、広告会社仲間には大いに不評を買い、我が社は当時私が理事の一人を務めていたアメリカ広告業協会から、すんでのところで破門されるところだった。この威厳に満ちた協会は、三〇年間というもの、広告会社への報酬を一五パーセントに固定しようとし、協会のメンバーでいるためには、このルールに対する揺るぎなき服従を誓わなければならなかった。一九五六年にアメリカ政府が介入し、このルールの施行を禁止したが、因習はそのまま残った。従来の手数料制に従わない広告会社はクズだと決めつけられた。

マディソンアベニューの意見の趨勢《すうせい》は変わるだろうと私は予言しておく。当然、私は広告会社に専門的職業としての地位を確立する道を拓いた異端者として記憶されることだろう。

⑧広告会社を値切ろうとするな

屁理屈を言わせたら右に出る者がいないというような社員に、広告会社からの請求を値切らせようと思っているのなら、考え直した方がいい。たとえばリサーチ料金を値切ったとすれば、「十分な」リサーチをつくさないまま広告が出ることになってしまう。貴社の広告会社は、当てずっぽうで広告を作ることになり、そのツケは貴社にまわってくるのだ。

一方、CMの予備テストを行ったり、実験的に複数の原稿を作って同じ印刷媒体に掲載したり、その他さまざまな広告リサーチを駆使する費用を自発的に払ってくれるなら、広告会社はその予算で、より利益を生む広告を作るための実験を継続することができる。

水が出るか出ないかわからない井戸を貴社のために掘る費用を、すべて広告会社側が負担するのは当然だと思わないでいただきたい。たとえば、広告会社が絵コンテどおりに効果の上がらないTV・CMを作ったなら、もう一度、「貴社側の負担で」作り直すように命じることだ。TVは恐ろしく扱いが難しいメディアだ。私自身、納得するようなTV・CMをまだ一度も見たことがない。しかし、それを作り直すのに自分の金を一万ドルも出す余裕はない。

洗剤のヴィム・タブレットの最初のCMが完成したとき、リーバ・ブラザーズのある切れ者が私にこう聞いた。「このCMをよりよくする方法を思いつきませんか?」。実は一九通りの方法が考えられると私は答えた。すると彼はこう言った。「そうですか。我が社はこのCM放映に四〇〇万ドルを投じるつもりです。だから可能なかぎり強力なものにしたい。作り直してください。費用は我が社が持ちます」。たいていのクライアントなら、作り直しのコストは広告会社側の負担だと言い張ったことだろう。だがそんなことをしては、広告会社自身が直感的にしくじったと思うところを隠せと言うようなものだ。

アーサー・ホートンがステューベンの広告を依頼してきたとき、彼の指示は一点の曇りもなくはっきりしていた。「我々は世界一のガラスを作る。あなたには世界一の広告を作ってもらいたい」

私はこう答えた。「完璧なガラスを作るのはたいへん難しいことです。ステューベンの職人でさえ、ときには不完全なものを作ることもあるでしょう。御社の検査担当者は、そんなものは壊してしまうはずだ。完璧な広告を作るのも、それに負けず劣らず難しいんです」

六週間後、彼にステューベンの広告の最初の校正刷りを見せた。カラー広告だったが、一二〇〇ドルもかけた製版は不完全だった。一瞬の躊躇《ちゅうちょ》もなく、アーサーはそれを破いて新しく作り直すよう命じた。これほどものわかったクライアントが相手では、いい加減な仕事をするわけにはいかない。

⑨率直であること。はっきりとものを言うことを奨励する

貴社の広告会社のやり方がまずいと思うなら、あるいはある広告が弱いと感じているなら、まわりくどい言い方をしないでもらいたい。大きな声ではっきりと本心を明かすことだ。クライアントが広告会社との日々の関係において煮え切らない態度をとっていては、悲劇的な結果を招きかねない。

だからといって、おどすようなものの言い方をしろというのではない。「おまえは役立たずのウスノロだ。明日までにすごい広告を持ってこないと、他の広告会社に鞍替えするからそう思え」などと言ってはいけない。こんな残忍なやり方はチームを麻痺させるだけだ。むしろこんなふうに言った方がいい。「今見せてもらったものは、いつものような高い水準には達していないようだね。もう一回やってみてくれないか」。同時に、提案された広告のどこが適切でないと思うのかを説明しなければならない。広告会社にそれを推測させてはいけない。

こうした率直な態度をとれば、広告会社もまた率直になろうという気になるはずだ。両方が腹蔵なくものを言い合うようでなければ、本当のパートナーシップは築けない。

⑩高い目標を掲げよ

バントはさせるな。広告会社にはホームランを期待していることをはっきりさせ、打ったときには絶賛することだ。売り上げが落ちたときには広告会社のせいにするのに、売り上げが伸びたときは広告会社の功績をなかなか認めようとしないクライアントが多い。許し難い態度だ。しかし、広告会社に現在の栄誉にあぐらをかかせてはいけない。常により高いところを目指すよう駆り立ててやるのだ。気に入ったキャンペーンを見せられたら、ゴーサインを出したすぐその翌日に、もっとよいものを作る模索を始めるよう求めるのだ。

テストの結果、現行のキャンペーンより優れたキャンペーンが見つかったら、そっちに切り替えることだ。ただし、自分が見飽きたからといってキャンペーンを中途で放棄してはいけない。主婦はあなたほどしょっちゅう広告を見ているわけではないのだ。

一番いいのは、優れたキャンペーンを確保し、それを数年間続けることだ。問題は、優れたキャンペーンを見出すこと。私のように作る立場になって見ればおわかりになるだろうが、そういうキャンペーンはどこにでも転がっているというものではない。

⑪すべてをテストせよ

広告用語の中でもっとも重要な言葉は「テスト」だ。消費者を対象に製品の予備テストを行い、広告の予備テストもしておけば、きっと市場でもよく売れるにちがいない。

新製品が二五あれば、そのうちの二四までがテスト・マーケティングをパスできない。製品のテスト販売を行わない企業は、テスト・マーケティングで目立たずひっそりと、かつ経済的に製品を消し去る代わりに、自社商品が全国規模で大失敗を喫して、とてつもないコスト（と不名誉）をこうむることになる。

保証したことが確実かどうかをテストする。メディアをテストする。広告のヘッドライン（見出し）やイラストレーション（絵や写真など）をテストする。広告の規模をテストする。頻度が適切かテストする。支出レベルをテストする。CMをテストする――。決してテストを止めないこと。そうすれば、貴社の広告はどこまでもよくなり続けるはずだ。

⑫急げ

大企業に働く若い世代の多くは、利益が時間によって左右されることなどないかのようにふるまっている。ジェリー・ランバートがリステリンで初めて大躍進をものにしたとき、彼はマーケティングの全行程を月単位に分けてスピードアップを図った。広告と利益を年単位の計画ではなく月単位で見直したのだ。その結果、八年間に二五〇〇万ドルを叩き出した。普通の人ならその一二倍の時間はかかるところだ。ジェリー・ランバートの時代、ランバート製薬は年単位ではなくて月単位で活動していた。広告会社もこれに倣った方がいい。

⑬問題児に時間をかけるな

広告主も広告会社も、問題を抱えた製品を生き返らせることに時間を注ぎ込みすぎ、成功している製品をさらに成功させるにはどうするかを考える時間があまりに少ない。広告の世界では、ふるわないテスト結果を真正面から見すえ、損を切りつめ、前進を続けるのが勇気ある人間だ。

必ずしもその製品を断念する必要はない。「利益を絞りとる」ことで大きな利潤を上げることもある。しかしマーケティング担当者の中で、死にかかっているブランドから利益を絞りとる手だてを知っている人間はごくわずかしかいない。トランプゲームで他のメンバーがほとんど知らない手を作って高得点を稼ぐのと同じことだ。

時間、頭脳、広告費のすべてを、成功している製品に集中すること。成功したと見てとったら、広告を雨あられと注ぎ込む。勝ち組にだけ賭け、負け組は捨てることだ。

⑭天才を大目に見ること

コナン・ドイルは「凡人は身の丈以上のことがわからない」と言ったが、私に言わせれば、凡人は天才を見分け、恨み、なんとかして叩きつぶしたいという衝動にかられるものだ。広告会社に天才は稀だ。しかしもし見つかれば、そういう人間は全員必要だ。天才はほとんど例外なく不愉快な人間だ。だが、叩きつぶしてはいけない。彼らは金の卵を産むからだ。

⑮出し惜しみするな

こう言ったのは、ゼネラルフーズの社長で、その前は同社の宣伝部長だったチャーリー・モーティマーだ。「広告費を確実に浪費するには、ちゃんとした仕事が不可能なくらい広告費を出し惜しみすることだ。ヨーロッパに行こうとして、全旅程の四分の三分だけ切符を買うのと同じだ。金は使うが目的地には到着しない」

最近の私は、一〇件のうち九件は、やるべき任務に対して広告費が少なすぎると思うようになった。もし貴社のブランドが捻出する広告費が、年間二〇〇万ドル以下なら、継続的に全国規模の広告を打つのはあきらめることだ。自粛して、手持ちの予算を一番実入りのいいマーケットに集中するか、一定の所得層に広告のターゲットを絞り込む。あるいは広告をまったくやめてしまうかだ。認めたくはないが、儲けを生む方法は他にもある。

5

成功する「広告キャンペーン」とは?

我がオグルヴィ・ベンソン＆メイザーで働くことになったコピーライターやアートディレクター、TVプロデューサーは、会議室に集められ、私のいわゆる「魔法のスクリーン」を見せられることになる。そこで、ヘッドラインやボディ・コピーの書き方、イラストレーションの使い方、TV・CMの作り方、キャンペーンで使う基本的な効果・効能をどう選ぶかを学ぶ。

私が要求するルールは、私自身の個人的な意見ではなく、私がリサーチから学んだことの神髄だ。レクチャーに対する新人たちの反応はさまざまだ。これらの話題に精通しているように見える社長のもとで仕事をすることを喜び安心感を抱く者もいれば、こんな厳格なルールの中で仕事をすることに不安を感じる者もいる。後者の輩はこう言う。「こんなルールや規制で縛りつけると、広告が退屈なものになってしまいますよ」。そこで私は答える。「今のところそんなことはないね」

そして、芸術におけるルールの重要性についてひとくさり説教するのだ。「シェークスピアは、一四行詩、弱強五歩格、四行連句が三つと対句という厳しいルールの中でソネットを書いた。シェークスピアのソネットは退屈だろうか？　モーツァルトだって、主題の提示、展開、再現というように厳しいルールの中でソナタを書いた。モーツァルトのソナタは退屈か？」」。こんなふうに議論すると、教養ある人間はたいてい矛先を収める。続けて私は、このルールに従えば、すぐに優れたキャンペーンを作れるようになると約束する。

優れた広告とは何か？　この考え方には三つの流派がある。皮肉屋は、いい広告とはクライアントがＯＫを出す広告だと言う。もうひとつの流派は、「偉大な広告の定義とは、それによってその商品がよく売れるだけでなく、長年にわたって大衆にも広告業界にも〝見事な作品〟として記憶されるものである」というレイモンド・ルビカムの定義を採用する。これまで私も、長年にわたって大衆にも広告業界にも〝見事な作品〟として記憶される広告を作ってきたが、私自身は第三の流派に属する。それは、よい広告とは「広告自体に関心を集めることなく」商品を売る広告である、と考える一派だ。見た人に「なんて気の利いた広告だろう」と言われるのではなく、「これは知らなかった。この商品を試してみなくちゃ」と言われるような広告だ。

プロの義務として、広告人は自分の技巧をひけらかしてはいけない。古代ギリシャの雄弁家アイスキネスが演説すると、人々は「なんと話がうまい人だろう」と感心したが、同じく雄弁家で政治家でもあったデモステネスが演説すると、皆「フィリッポス王を倒せ！」と叫んだ。私はデモステネスに与する。

新人たちがよい広告についてのこの厳格な定義にひるむようなときは、元の木阿弥となって愚かさと無知の海であがき続けるよう言い渡す。

次なるステップは、我が社でこれから彼らが果たす仕事を「クリエイティブ」という言葉で表現してはならないと言うことだ。これよりさらにはやっている言葉に「クリエイティビティ」というものがあるが、これは一二巻あるオックスフォード・ディクショナリーにも載っていない。レオ・バーネットは「クリエイティビティ」という言葉を聞いて、「エトルリア人がギリシャ芸術に加えた唯一のものは、『無能であるという独創性』だけだった」というバーナード・ベレンソンの言葉を思い出したそうだ。フェアファックス・コーンは『クリエイティビティ』という言葉を世界から抹消したい」と言っているし、エド・コックスは「コピーライターにクリエイティブな奴もクリエイティブでない奴もいない。ただ、いい広告を作る奴とダメな広告を作る奴がいるだけだ」と言っている。

言っておくが、バーネットも、コーンも、コックスも、広告業界切っての「クリエイティブ」な人間だ。二〇年も前、まだ広告用語の中に「クリエイティビティ」などという言葉がなかった頃、我々はどうしていたのだろう？　本書を書いていてさえ、私自身ときどきこの言葉を使ってしまうのが恥ずかしい。

というわけで本章では、新人がオグルヴィ・ベンソン&メイザーへの入社初日に、私の「魔法のスクリーン」でどんなものを見せられることになるのかをご紹介しよう。この基となったリサーチは、五つの経験則から得られたものだ。

第一は、通販広告主の経験だ。ブック・オブ・ザ・マンス・クラブのハリー・シャーマンやヴィック・シュワブ、ジョン・ケープルズといったエリート軍団ほど、広告の「現実」を知りつくしている人間はいない。彼らは、広告を書くたびにその結果を評価できる立場にいる。他の多くの企業のような、マーケティング・ミックスの中から広告の効果だけを知るのを不可能にしている複雑な流通経路がないからだ。

通販の広告主には、在庫を増やしたり減らしたり、商品を目立つように置いたりカウンターの下に隠したりする小売業者が存在しない。売り上げはすべて自分の広告次第なのだ。読者にクーポンを切りとってもらえるかもらえないか。広告が出て数日で、通販広告を書く人間には利益が出るかどうかがわかってしまうのだ。二七年間というもの、私は通販広告主がどんな広告を打っているかをじっくりと見守ってきた。この観察の結果から、おそらくどんな種類の広告にも当てはまる一般原則をいくつか導き出したのだ。

あるテクニックが成功し、他のテクニックが失敗するのはなぜなのかについて、二番目に貴重なデータは、デパートにおける経験だ。広告を出した翌日には、その売り上げへの影響が確実にわかる。だからこそ、小売業者の中でも一番目はしのきくシアーズ・ローバックがどういう広告を出しているかに注目してきたというわけだ。

私の「魔法のスクリーン」が頼る三番目のデータは、ギャラップ、スターチ、クラーク・フーパー、ハロルド・ルドルフによるリサーチだ。こうしたリサーチは、どんな要素が人に広告を読ませるか、またギャラップ博士の場合は、読んだ人が広告を覚えている要因は何かを調査したものだ。全体的に見て、この調査結果は通販広告の経験からわかったことを裏づけるものだ。

四番目のデータはTVなのだが、これに関してはほんの一〇年前まで真剣な調査が始まっていなかったので、新聞や雑誌広告に対する消費者反応に比べてあまり多くは知られていない。しかし、ギャラップ博士をはじめとする調査によってTV・CMについてもある程度のことがわかってきているので、以前のように徹頭徹尾当てずっぽうで広告を作ることはなくなった（ラジオCMについてのデータは、ほぼまったくと言っていいほどない。科学的なアプローチを始める前に、TVの出現によって時代遅れになってしまったからだが、今やラジオは広告メディアのシンデレラと呼ばれるまでの復活を果たしている。研究者は今こそこのメディアに取り組むべきだ)。

最後のデータは今までのものほど科学的ではない。私は人の頭の中身を盗む常習犯だが、中でも一番盗みがいがあるのは、先達や競合他社の頭の中身だ。レイモンド・ルビカム、ジム・ヤング、ジョージ・セシルが作って大成功したキャンペーンから、多くのことを学んできたのだ。

では、レジが鳴り続けるような広告キャンペーンのレシピを伝授しよう。我が社で仕事をするとすれば、必ず守らなければならない一一の掟だ。

①重要なのは、「どう」言うかより「何を」言うかだ

昔々、フィフス・アベニューのど真ん中でバスに乗っていると、ある奥さんが連れの奥さんにこんなことを言っていた。「ねえモリー、あのトイレ用の新製品の石鹸、もし広告で使ってるフォントが一〇ポイントのガラモンドでなかったら、私あれ買ってたところなんだけどね」

まさかそんな。もちろん作り話だ。実際には、消費者がある商品を買うか買わないかを決めるのは、広告の内容であって、その形式ではない。広告の中で商品について何を言うか、どんな利点を約束するかが、あなたのもっとも重要な任務なのだ。二〇〇年前、ジョンソン博士はこう言った。「約束、大きな約束こそが広告の神髄である」。アンカー醸造の財産を競売にかけたとき、博士はこんな約束をした。「我々がここで売らんとしているのはボイラーやタンクではありません。どんなに強欲な夢を見たとしても想像もできないほどの大富豪になる可能性を売っているのです」

適切な約束（効能）を選ぶことは非常に重要だ。これを当てずっぽうに決めるようなことは決してあってはならない。オグルヴィ・ベンソン&メイザーでは、もっとも強力な約束がどれかを選ぶのに、五つのリサーチテクニックを使っている。

まず、調査対象として似たような消費者のグループを複数作り、それぞれのグループに商品サンプルを配る。商品サンプルのパッケージには、それぞれ違った効能をつけておき、後で各消費者グループからどの程度のパーセンテージで再注文が来たかを比較するのだ。

二つ目のテクニックは、さまざまな効能を記したカードを消費者に見せて、どれを見たときその商品を一番買いたくなるかを選ばせるというものだ。テスト結果の例をお目にかけよう（左表参照）。

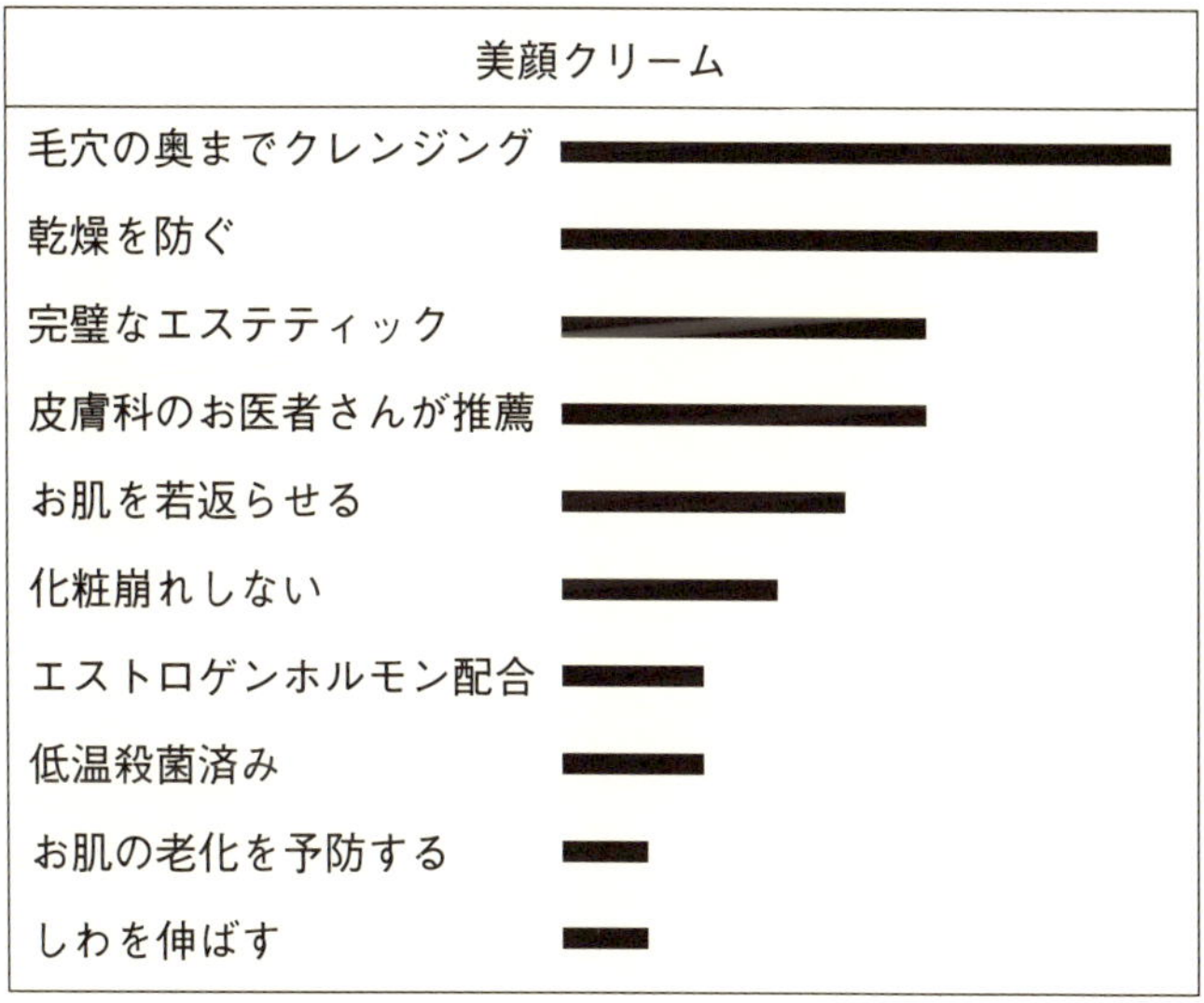

この投票結果から、ヘレナ・ルビンスタインで一番売れている美顔クリームが生まれた。「ディープ・クレンザー」という、もっとも支持された効能を含んだ商品名をつけたのだ。

三つ目のテクニックでは、異なる効能をうたった一連の広告をサンプルグループに送り、それぞれの効能に対していくつ注文が来るかを調べる。

四つ目のテクニックでは、効能の部分だけ異なる一対の広告を、ある新聞の同じ日の同じ場所に載せ、「サンプル差し上げます」と入れておく。この巧妙な作戦は、ダブ石鹸で一番強力な効能を選ぶ際に使った。「洗っている間に潤う」という効能は、次点のものを六三パーセントも超える注文を集め、以降ダブのすべての広告の支柱になっている。この驚異的商品は、初年度の終わりにはすでに利益を上げていた。今日のマーケティング界では稀に見る偉業だ。

最後のテクニックは、基本的な「約束」を選ぶ際に開発したものだが、あまりに効果があるので、仲間たちが私に発表することを禁じている。まるで一八世紀の産科医の逸話のようだ。この産科医は、赤ん坊を生きてとりあげる率が他のどの産科医よりも高かったので大儲けをした。それを可能にした秘密は三代にわたって守られたが、とうとう、ある医学生が病院の窓によじ登って手術室を覗き込み、その鉗子《かんし》のデザインが世界に知れわたることになったそうだ。

②素晴らしいアイデアを中心に構築されていないキャンペーンは失敗する

素晴らしいアイデアを見ても、クライアントのすべてにその素晴らしさがわかるわけではない。あるクライアントに心からすごいと思えるアイデアを提案したのに、こう言われたのを覚えている。「オグルヴィさん、言っちゃなんだがどうも鼻クソみたいなアイデアだな」

広告を書き始めた頃の私は、必ずや先駆者になってやろうと気負っていて、自分のキャンペーンはどれもその業界で史上もっとも成功させてやるつもりでいた。自分ではその野望は必ずしも失敗していないと思っている。

③真実を述べよ

商品を売るのに十分な事実を述べている広告は非常に少ない。消費者は真実などには興味がないという考え方が、コピーライターの世界にはいまだに色濃く残っている。しかしこれほど真実からかけ離れた考え方はない。シアーズ・ローバックのカタログを見るがいい。「真実」を提供することで、毎年何十億ドル分もの商品を売っているではないか。私が書いたロールスロイスの広告では、真実以外のことは一切言っていない。形容詞もなければ、「優雅な人生」などという台詞のひとつもない。

消費者はバカではない。消費者はあなたの奥さんなのだ。つまらないスローガンと気の抜けた形容詞の二つ三つも与えれば奥さんが何か買うと思うなら、彼女の知性に対する侮辱だ。彼女はあなたが与えられるすべての情報をほしがっているのだ。

競合するブランドは、近年ますます似てきている。作り手側は皆同じ科学雑誌を読み、同じ製造技術を使い、同じリサーチに従っている。たいていのコピーライターは、扱っているブランドが他のいくつかとそっくりだという都合の悪い事実に直面すると、すべてのブランドに共通することを消費者に伝えても意味がないと思い、いくつかのささいな違いを述べるだけにとどめてしまう。彼らにはこんな間違いをいつまでも続けてほしいものだ。そうすれば我が社のクライアントは「先に事実を述べる」という優先権をずっと保っていられる。

シェルの広告をする際には、我々は消費者に事実を伝える。その事実の多くは、伝えようと思えば他の石油会社にだって伝えられることだが、彼らはそうしようとしない。KLMオランダ航空の広告では、安全予防措置について述べている。この安全措置は他のすべての航空会社も行っていることなのだが、広告ではなぜか言っていない。

訪問販売のセールスをやっていた頃、商品についての情報を与えれば与えるほど、売り上げが伸びることに気づいた。クロード・ホプキンスも広告について同じ発見をしている。五〇年も前の話だ。しかし、今のコピーライターは短くて眠気を誘うような広告を作る方がラクだと思っている。事実を集めるのはたいへんなのだ。

④人を退屈させておいて、ものを買わせることはできない

今、平均的な家庭では毎日一五〇〇以上の広告を目にしている。どおりで新聞や雑誌の広

告は読み飛ばし、CMの間にトイレに行くという技を習得するはずだ。

平均的な女性は、雑誌に掲載されている広告のうち、たった四つしか読まない。もちろん、もっと目にはしているのだが、一度チラッと見ただけで、読むまでもない退屈な広告であることがわかってしまうのだ。消費者の注目を引くための競争は、年々激しさを増している。消費者は月に何十億ドル分もの広告を浴びせかけられているのだ。三万ものブランド名が、彼女の記憶に残ろうと戦っている。耳をつんざくばかりの集中砲火の中で話を聞いてもらおうと思えば、よほどユニークな声を出さなければならない。群衆の中でクライアントの声を耳に届かせることが我々広告人の仕事なのだ。

我々は人々が読みたいと思う広告を作る。教会に人が来なければ、魂を救うことはできない。我々のルールに従えば、コストは同じでもっと多くの人に読んでもらえる広告を作れるようになるはずだ。

ジョージ五世の軍医だったサー・ヒュー・リグビーに、「どうすれば優れた外科医になれるのでしょう?」と尋ねたことがある。彼はこう答えた。「手先の器用さという点では、どの外科医も大差はない。優秀な外科医が違うのは、他の外科医よりも知識があるということだね」。広告業も同じだ。優れた広告人は自分の仕事を知っている。

⑤礼儀をわきまえること、しかしおどけてはいけない

人は無作法なセールスマンからものを買う気にはならないものだが、下品な広告を見て商品を買う気にはならないことも、リサーチによって確かめられている。ものを買ってもらうには、カナヅチで頭をぶっ叩くよりも、愛想よく握手した方がいいということだ。なんと魅力的なんだと消費者に思わせて買ってもらうことだ。だからといって、かわいらしい広告や滑稽な広告を作れと言っているわけではない。人は道化師からものを買いはしない。買い物かごを下げているとき、主婦の心がまえは極めて真剣なのだ。

⑥現代的広告を作れ

一九六三年の若い主婦は、ルーズベルト大統領が死んでから生まれた世代だ。彼女たちは新しい世界に生きている。五一歳になった私は、これから人生をスタートしようとしている新婚カップルに調子を合わせるのが難しくなってきた。うちのコピーライターのほとんどが非常に若いのはそういうわけだ。彼らは私よりも、若い消費者の心理をよく理解している。

⑦委員会が広告を批判するのはかまわないが、広告を作らせてはいけない

委員会の議事録のような広告やTV・CMが多いが、それは、そういう広告がまさしく委員会の議事録そのものだからだ。もっとも人にものを買わせる力がある広告は、たった一人の人間が作ったものだ。作り手は、商品をよく理解し、リサーチをし、以前にどんな広告があったかを調べねばならない。その後オフィスに一人閉じこもって、広告を書き上げる。私がこれまでに書いた最高の広告は一七回も書き直しをしたが、これによってひとつのビジネスを築き上げることになった。

⑧運よくよい広告が作れたら、効果が薄れるまで繰り返せ

いい広告なのに、単にスポンサーが飽きたというだけの理由で、まだ効果があるのに打ち切りにされる広告が多い。スターリング・ゲッチェルの有名なプリマスの広告（「三つとも見て」）はたった一度しか掲載されなかった。これを継いだのは、最初のものをちょっとずつ変えたバリエーションだが、どれも明らかに最初のものに劣る広告で、あっというまに全部忘れられてしまった。しかし、シャーウィン・コディ英語学校は四二年間同じ広告（「英語でこういう間違いをしていませんか」）を続けている。その間、変えたのはロゴのフォントとミスター・コディのヒゲの色だけだ。

広告を見ているのは整列している軍隊ではなく、常に動いているパレードの群衆だ。毎年三〇〇万人の消費者が結婚する。去年結婚したカップルに好まれてよく売れた冷蔵庫の広告は、たぶん来年結婚するカップル向けとしても成功するだろう。毎年一七〇万人の消費者が死に、四〇〇万人の消費者が生まれる。消費者は入れ替わる。広告はぐるぐるまわるレーダーのようなもので、新しく入ってきた消費者を常に察知しておかなければならない。いいレーダーを設置して、常に監視を続けることだ。

⑨家族に読ませたくないような広告は絶対に書くな

あなたは自分の奥さんに嘘をつくことはないと思う。うちの妻にも嘘をつかないでもらいたい。自分がされたいことを人にもすることだ。

商品について嘘をつけば、必ず見破られる。政府に見破られれば捕まるし、消費者に見破られれば、その商品を二度と買わないという報復を受ける。

よい商品は「正直に」広告すれば売れる。商品がよくないと思うのなら広告などしないことだ。嘘をついたりあいまいにお茶を濁したりすれば、クライアントの顔に泥を塗り、罪の上に罪を重ね、そのうえ広告一般に対する人々の怒りに火を注ぐことになる。

⑩イメージとブランド

広告はすべて、「ブランドイメージ」という複雑なシンボルに貢献するためのものと考えねばならない。そのように長い目で見れば、日々の問題の多くは自ずから解決するはずだ。

では、どうやってイメージを決めればいいのか？　簡単な答えはない。ここではリサーチもあまり役には立たない。決断が必要なのだ（マーケティング担当重役たちは昨今ますます自ら決断したがらず、リサーチに頼りすぎる傾向がある。まるで酔っ払いが電柱を「照らす」ものでなく、単に「つかまる柱」にするようなものだ）。

企業はブランドイメージを限定するのをいやがることが多い。万人向けの万能商品にしたいのだ。男性向けのブランドだが同時に女性もターゲットにしたい。上流ウケを狙いつつ、大衆にも受け入れられたい。こんなことを考えていると、結局はどっちつかずの個性のないブランドになってしまう。タマを抜かれたひ弱い去勢鶏が猛々しい雄鶏に勝てるわけはないのだ。

今出まわっているキャンペーンのうちの九五パーセントは、長期的展望に立って作られてはいない。その場しのぎにすぎないのだ。だから何年も変わらない一貫したイメージがない。企業が、長期間変わらず一貫したイメージを保てるとしたら奇跡だ。ありとあらゆる力がなんとかしてこれを変えようとするからだ。宣伝部長が変わる、コピーライターも変わる、広告会社すらも変わってしまう。半年ごとに「何か新しいものを持ってこい」と要求するプレッシャーに耐えてひとつのスタイルを保ち続けるには、相当の根性が必要だ。とっとと変える方がどれほどラクかしれないのだ。

しかし、一貫したイメージを作り、それを長期間守り抜くだけの頭のある広告主には素晴らしい見返りが待っている。たとえば、キャンベルスープ、アイボリー石鹸、エッソ、ベティー・クロッカー、イギリスのギネス・スタウトがそうだ。風雪に耐え抜いて広告に関する責任を負ってきたこうした面々は、広告の一つひとつ、ラジオ番組の一つひとつ、TV・CMの一つひとつが決して一回きりのものではなく、彼らのブランド全体の個性に対する長期間の投資であることを理解している。彼らは一貫したイメージを世界中に示し、その過程で富を築いてきたのである。

研究者たちによる過去数年にわたる調査で、昔ながらのブランドに人々がどんなイメージを持っているかがわかるようになった。イメージに深刻な欠陥があり、それが売り上げにダメージを与えていることを知って愕然とした企業もある。そういう企業は、広告会社に即刻そのイメージを「変える」よう求める。広告会社にとってこれはもっとも難しい任務のひとつだ。長年にわたって悪いイメージが形成されてしまっているからだ。それは、広告、価格、商品名、パッケージ、どんなTV番組のスポンサーになっていたか、市場にどれくらいの期間出まわっているか等々、数多くの要因が複雑に絡み合った結果である。

ブランドイメージを早急に変えようという企業は、たいてい「上流志向」に変えようとする。安物のイメージが定着していることが多いからだ。これは、不景気のときはいいが、景気が上向き、消費者の多くの社会的地位が向上しているときには非常に邪魔になる。バーゲン品のイメージが定着したブランドの化粧直しは容易なことではない。新しいブランドを最初から立ち上げた方がいい場合が多い。

ブランド間の差異が少ないほど、ブランド選択に理性の果たす役割は小さくなる。ウィスキーやタバコ、ビールの各ブランド間の差はごくわずか、ほとんどが同じと言ってもいい。ケーキミックス、洗剤、マーガリンも同じだ。

自社のブランドにはっきりとした「個性」を与えるような広告に打ち込む企業が、一番大きな市場占有率を獲得し、最高の利益を得る。同じ理由で、広告費を販売促進予算に流用するような、長期的展望のない日和見主義の企業は、窮地に立たされることになる。「広告費がなくなるほど販促に金をはたいてしまっては、御社のブランドがどうなっても知りませんよ」と私は毎年口を酸っぱくして言い続けている。

値引き作戦や皮下注射的な応急処置は、営業部長のお気には召すだろうが、その効果は一過性だし、癖になりがちだ。アート・ニールセンで消費者購買を測定する技術を開発し、その後キャンベルスープの社長になったベヴ・マーフィーは、「売り上げは商品価値と広告の機能によって生まれる。販促には、販売曲線を一時的によじれさせる以上のことはできない」と言っている。ジェリー・ランバートはリステリンの販売促進を一度も行ったことがない。販売曲線をよじれさせることによって、広告の結果が読めなくなってしまうことがわかっていたのだ。

値引き戦略でどんどん価格を下げ続ければ、その商品に対する消費者の評価は失われる。いつ行っても特価札が貼られているような商品に魅力があるだろうか?

クライアントが永遠に商売を続けようとしていることを前提に、何年も先までのキャンペーン計画を練ること。ブランドに明確な個性を与え、何年でもその個性を守ること。市場でのポジションを決めるのは、結局のところ商品のささいな差ではなく、全体としてのブランドの個性なのだ。

⑪模倣者になるな

ラドヤード・キプリングは、サー・アントニー・グロスターという叩きあげの海運王について長い詩を書いた。グロスターが死の床で、息子のために自分の経て来た人生を振り返り、軽蔑を込めてライバルたちをこきおろす詩だ。

奴らはまねられることは何でもまねおったが
わしの心まではまねられなんだ。
汗水たらして必死にまねていやがったが
それでも一年半ほど後をついてくるだけで精一杯だった。

幸運にも優れた広告キャンペーンを作ったとしても、すぐに他の広告会社がまねをする。苛立たしいだろうが、そんなことを気にしてはいけない。誰かの広告をまねてブランドを築き上げることができた者は一人もいないのだ。

模倣は「剽窃《ひょうせつ》の中ではもっともたちのいいもの」かもしれないが、それでもやはり劣った人間の印だ。

以上が、私が新人に叩き込む一般原則だ。最近、オグルヴィ・ベンソン&メイザーで一年を終えたばかりのグループを集めて、我が社とその前にいた広告会社とを比較してもらったが、我が社の方がはるかにしっかりとした考え方に則っているという事実に一票を投じる者が多かったのは嬉しい驚きだった。その中の一人はこんなことを書いている。

オグルヴィ・ベンソン&メイザーには、よい広告とは何かについての一貫した主張、会社としての見解があります。前に働いていた広告会社にはそれがなく、したがって指導者と呼べる人がいなかったのです。

6

「強烈なコピー」作成法

効果的なヘッドラインの書き方

ほとんどの広告において、ヘッドラインは最重要要素だ。それは読者に読むかどうかを決めさせる電報である。

平均して、ボディ・コピーを読む五倍の人がヘッドラインを読む。ヘッドラインを書けば、もらった一ドルのうちの八〇セントを使ってしまったことになる。つまり、ヘッドラインだけである程度の売り込みをしなければ、クライアントの金の八〇パーセントを無駄にしてしまうのだ。ヘッドラインのない広告を書くなどは、すべての罪の中でも一番重い罪だ。いまだにヘッドラインのない不思議な広告が見受けられるが、そんなものを私のところに持ってくるコピーライターの運命は、どう考えてもうらやむべきものではない。

ヘッドラインを変えただけで、売り上げが一〇倍も違ってくることもある。私が広告を書くときは、広告ひとつについて必ず一六通り以上のヘッドラインを作ってみる。また、ヘッドラインを書くときは必ず次のガイドラインに従っている。

①ヘッドラインは「肉の値札」だ。これを使って商品を買ってくれそうな読者に向かって旗を振り、目をとめてもらうことだ。膀胱炎の薬の広告なら、ヘッドラインに「膀胱炎」と

いう言葉を入れること。こうすれば、この病気で不便を感じている人全員の目を引く。お母さんに読んでもらいたいなら、ヘッドラインに「お母さん」と入れることだ。逆に、商品を買ってくれるかもしれない読者を排除しそうなことはヘッドラインに書かないこと。男女両方をターゲットにした広告なら、女性だけに偏ったヘッドラインにしてはいけない。男性が怖じ気をふるって逃げてしまう。

②ヘッドラインはすべからく読者の利益に訴えるべし。たとえば、ヘレナ・ルビンスタインのホルモンクリームにある「三五歳以上の女性がより若々しく見られるために」のように、読者の得になる効能を書くこと。

③ヘッドラインには常に新しい情報を入れることを心がける。消費者はいつも新製品や従来商品の新しい使い方、あるいは従来商品の改良版などに目を光らせているからだ。ヘッドラインにもっともよく使われる言葉は「無料」と「新」の二つだ。「無料」の方はめったに使うわけにはいかないが、「新」の方は、頭をひねりさえすればどんな場合にでも使える。

④他に、魔法のように効くのはこんな言葉だ。「～になる方法」「突然」「今」「発表」「紹介」「これこそ」「とれたて」「大きな進歩」「向上」「驚くべき」「センセーショナル」「輝かし

い」「革命的」「衝撃の」「奇跡」「マジック」「提供」「あっというま」「簡単」「求む」「挑戦」「〜へのアドバイス」「〜の真実」「〜に比べて」「バーゲン」「急いで」「ラストチャンス」。言い古された言葉だと思ってバカにすることなかれ。手あかのついた言いまわしかもしれないが、効果は抜群だ。だからこそ、通販など、広告の結果を自ら評価できる広告主のヘッドラインにこういう言葉がしょっちゅう使われるのだ。

また、ヘッドラインに「大好きな」「愛」「恐怖」「誇り」「友達」「赤ちゃん」のように感情を喚起する言葉を入れるとより効果が強まる。我が社が手がけた中でもっとも挑発的な広告のひとつは、女の子がバスタブに浸かりながら彼氏に電話するというもので、そのヘッドラインはこうだ。「あのね、今すごく気持ちいいことしてるのよ。——頭からつま先までぜーんぶダブに浸ってるの」

⑤ボディ・コピーを読む五倍の人がヘッドラインを読む。だからヘッドラインをチラッと眺めただけでも、少なくとも何の広告かはわかるようにしておくこと。商品名も常にヘッドラインに入れるべきだ。

⑥ヘッドラインに購買者への約束（効果・効能）を織り込むこと。そのためにはヘッドラインを長くしなければならない。ニューヨーク大学商学部が、大手デパートの協力を得て行

ったヘッドラインに関するテストによれば、一〇語以上で新しい情報を織り込んだヘッドラインは、それ以下の語数のヘッドラインよりも常に多くの商品を売るという結果が出た。六語から一二語のヘッドラインをクーポンに付けておくと、それ以下の語数のヘッドラインよりも常にクーポンのリターン率が高い。また、一二語のヘッドラインを読む読者と、三語のヘッドラインを読む読者の間に著しい相違はない。私がこれまで書いたヘッドラインの中で最高のものは一八語だ。「時速一〇〇キロで走行中の新型ロールスロイスの車内で一番の騒音は、電子時計の音だ」(これを読んだロールスロイス工場のチーフエンジニアは、悲しげに頭を振ってこう言った。「あの時計をそろそろなんとかしなきゃな」)。

⑦ヘッドラインが好奇心をそそるものなら、ボディ・コピーが読まれる可能性も高い。だから、ヘッドラインの最後には、思わず先を読みたくなるような言葉を入れること。

⑧コピーライターの中には、ダジャレや文学からの引喩、難解な言葉などを使って、手の込んだヘッドラインを書く人もいるが、それはバカげている。新聞では、普通、広告は他の三五〇の広告と読者の注目を競っている。読者はあまりに速く読み飛ばすので、あいまいなヘッドラインを解読している暇はないというリサーチ結果が出ている。ヘッドラインは読者にわかりやすい言葉で、電光石火に言いたいことがわかるようでなければならない。

対して思わせぶりな態度をとってはならない。一九六〇年の「タイムズ」の文芸欄では、イギリスの奇をてらった広告の伝統を「身勝手極まる言いまわし……中流階級にだけわかる内輪ウケのジョーク。広告主とその客だけのお楽しみ」と呼んでこきおろした。ごもっとも。

⑨リサーチによれば、ヘッドラインに否定形を使うのは危険だ。たとえば、「この塩にはヒ素は含まれていません」と書いたとすれば、ほとんどの読者は否定を見落として、「この塩にはヒ素が含まれています」という印象を受けてしまう。

⑩何を言っているかわからないヘッドラインを書かないこと。つまり、その後のボディ・コピーを読まなければ何の意味もないようなヘッドラインのことだ。そんなものを見て次を読む人はいない。

読んで買わせるボディ・コピーの書き方

ボディ・コピーを書くときは、ディナーパーティで隣に座った女性に話しかけるように書くこと。あなたは彼女に「新車を買おうと思ってるんですけど、どれがいいと思います？」と聞かれたところだ。この質問に答えるつもりでコピーを書くのだ。

①まわりくどい言い方をせず、単刀直入に言うこと。たとえを使ったり、「～みたいな」「～と同じ」というような言い方をしない。ギャラップ博士は、二段がまえの表現は誤解を招きやすいことを証明している。

②誇張、一般化、陳腐な言い方をしない。事実に基づいて具体的に書くこと。情熱的に、感じよく、印象的に書く。退屈させてはいけない。真実を言う、その真実を魅力的に表現することだ。

コピーの長さはどのくらいが適当だろう？　それは商品による。チューインガムの広告の場合、言うべきことはそんなにないからコピーは短くなる。一方、推奨すべき特徴がたくさんある商品なら、コピーは長い方がいい。書けば書くほど、たくさん売れる。

シロウトの間では、一般的に長いコピーは読まれないと考えられている。これほど真実から遠いこともない。クロード・ホプキンスは昔、シュリッツ・ビールの広告に五ページにもわたる中身の濃い文章を書いたことがある。それから五ヶ月のうちに、シュリッツはシェア五位から一位にのし上がった。私はグッドラック・マーガリンの広告に一ページぎっしりの文章を書いたが、この結果も満足すべきものだった。

コピーが五〇語を超えると読んでもらえる率が急速に落ちることが確かめられているが、五〇語から五〇〇語まではほとんど変わらない。私が最初に書いたロールスロイスの広告では、驚くべき事実また事実という具合で、七一九語を費やした。文章の最後はこんな言葉で締めくくった。「ロールスロイスに乗るには気後れするという向きには、ベントレーがある」。この「気後れ」という言葉を拾い出して言いふらしたマイカー所有者の数からすると、たぶんこの広告は最後まで全部読まれたはずだ。次に書いた広告は一四〇〇語にのぼった。

広告はすべからく、それだけで商品の「完全な」売り口上になっていなければならない。消費者が同じ商品のシリーズ広告を全部見るなどと思うのは非現実的だ。この商品を売り込むチャンスはこれ一回きりだという気持ちで、すべての広告でとことんまで出しつくさなければならない。チャンスはこれっきりだ。

ニューヨーク大学商学部大学院のチャールズ・エドワーズ博士は言う。「事実を述べれば述べるほど売り上げは伸びる。広告により多くの適切な商品情報が含まれていれば、その広告の成功のチャンスも必ず高まる」

初めてのプエルトリコ・ブートストラップ計画の広告では、九六一語を費やし、ニューヨーク連邦準備銀行のビアズレイ・ラムルにそれを承認させた。一万四〇〇〇人の読者がこの広告のクーポンを切りとり、そのうちの多数が後にプエルトリコで工場を設立した。私が広告を書くまで四〇〇年間も、ほとんど飢餓すれすれの経済状態にあったプエルトリコ社会の現在の繁栄を目にすることほど、プロとして満足を感じることはない。もしも空疎な一般論をいくつか書いてそれでよしとしていたら、こんなことは何ひとつ起きていなかっただろう。

ガソリンについてさえ、長いコピーを読んでもらうのに成功した。シェルの広告のひとつは六一七語もあるが、読者の二二パーセントがその半分以上を読んでいる。

名コピーライター、ヴィック・シュワブから、紳士服のハート・シャフナー＆マルクスのマックス・ハートとその宣伝部長のジョージ・L・ダイアーの、長いコピーをめぐる逸話を聞いたことがある。ダイアーはこう言ったそうだ。「僕が新聞一ページをぎっしり埋めつくすだけのコピーを書けば、あなたはそれを一言残らず最後まで読むという方に一〇ドル賭けましょう」。ハートが鼻でせせら笑うと、ダイアーは続けた。「これを証明するのに、僕は一行だって書く必要はありません。ヘッドラインだけ教えましょうか。〝これを読めばマックス・ハートのすべてがわかる〟」

広告にクーポンをつける広告主は、短いコピーではものが売れないことを知っている。スプリットランテストでは、長いコピーの売り上げは常に短いコピーを上まわっている。どんなコピーライターだって、社のメディア部門が大きなスペースを確保してくれなければ長い広告は書けないだって？　出稿計画を決める前に、まずコピーライターに相談するのが決まりなのだから、そもそもこんな疑問が起きること自体がおかしい。

③コピーには常に推薦文をつけておくべきだ。読者には、匿名のコピーライターの大絶賛よりも、自分と同じ消費者仲間からの推薦の方が受け入れやすい。現存のコピーライターの中でも最高峰の一人であるジム・ヤングはこう言っている。「どんなタイプの広告主も悩みは同じ。それは、どうすれば信じてもらえるのかという一事につきる。通販屋は、これを解決するためには推薦文以上に強力な武器はないということを知っている。だが、普通の広告主はこの手をほとんど使っていない」。有名人が推薦文を書けば、読んでもらえる率は非常に高いし、正直に書いてあっても不信感を買うことはなさそうだ。よく知られた有名人であればあるほど多くの読者を惹きつけることができる。

我が社の「イギリスにいらっしゃい」という広告では、エリザベス女王とウィンストン・チャーチルにご登場いただいたし、グッドラック・マーガリンのTV・CMには、ルーズベルト夫人を口説き落として出演してもらった。シアーズ・ローバックのクレジット販売の広告をしたときは、打撃の神様テッド・ウィリアムズのクレジットカードに「最近ボストンからシアーズにトレード」というヘッドラインをつけて載せた。

ときにはコピー全部を推薦文の形で仕上げてもいい。車のオースティンの広告を初めて書いたときは、節約のためオースティンに乗って、息子をボストンの名門グロトン校に入れた「匿名の外交官」からの手紙という形にした。スノッブと倹約のうまいバランスを狙ったのだ。この匿名の外交官というのは私自身のことではないかと察した勘のいい「タイム」の編集者が、グロトン校の校長に取材を申し込んだ。校長のクロッカー博士がたいそうご立腹だったので、うちの息子はホッチキス校に入れることにした。

④読者に役立つアドバイスをする、もしくはサービスをするというのもいい手だ。こうすると、商品のことだけを扱ったコピーに比べて七五パーセントも読者数が増える。我が社のリンソの広告のひとつで、しみ抜きの方法を主婦にアドバイスしたところ、この広告は洗

剤広告史上もっとも読まれ（スターチ調べ）、もっとも記憶に残った（ギャラップ調べ）という。残念なことに、リンソのメインの効用である「リンソで洗えばもっと真っ白」を書き落としていたせいで、再掲載はかなわなかった（この広告には、口紅、コーヒー、靴ずみ、血液等々、いくつか違う種類のシミの写真を載せた。血液のシミに使ったのは私の血だ。私はクライアントのために血を流したただ一人のコピーライターだ）。

⑤私は広告のいわゆる「純文学一派」に与したことは一度もない。この一派の壮麗さは、セオドア・F・マクマナスの有名なキャデラックの広告「リーダーシップの罪」や、ネッド・ジョーダンの古典的な「ララミーの西の何処かで」などでピークを迎えた。四〇年前の実業界は、こんなきらびやかな文章に感銘を受けたらしいが、私はいつもバカらしいと思ってきた。こういう広告は読者に一片の真実も語っていないではないか。私は、「華麗な文章は絶対に損である。ユニークな文語体も同じだ。こういう書き方をすると、肝心の主題に注目されなくなってしまう」というクロード・ホプキンスの意見に賛成だ。

⑥豪語しないこと。レイモンド・ルビカムがスクウィブのために書いた「メーカーの誇りと誠実さという得難い成分が商品のすべてに含まれています」という有名なスローガンを見ると、父親がよく言っていた忠告を思い出す。「企業が大げさに誠実などと言い立てると

き、あるいは女が貞節を吹聴するときには、企業からは逃げろ、女とは親交を深めろ」

⑦特別にまじめくさったりもったいぶったりする理由がなければ、顧客が毎日普通にしゃべっている口語体でコピーを書くこと。私自身はアメリカのお国言葉を覚えて書けるほど耳がよくない。しかし、名もない酪農家が作ったこんな素晴らしい歌のようなコピーを書けるプロのコピーライターがいるとしたら尊敬に値する。

カーネーションミルクはアメリカ一だで
この缶持ってそこらへ座ろ
乳搾りいらね、干し草も刈らね
ぷしゅっと穴開けりゃ　ほれ、ぴゅっと出るぞ

教養のない人向けに気どった言葉を使ってはいけないのだ。一度「陳腐な」という言葉をヘッドラインに使ったことがあるが、四三パーセントの主婦はこの言葉の意味を知らないことがわかった。別のヘッドラインでは「言語に絶する」と書いたが、実は私自身その意味を知らないというのがわかっただけだった。

しかし、私くらいの年代のコピーライターは、大衆の教育水準を低く見すぎるきらいがある。シカゴ大学の社会学部長フィリップ・ハウザーは、今起きている変化に注目を促している。

多くの人が正規の学校教育を受けるようになったことで……広告スタイルに重要な変化が起きる可能性がある……「平均的な」アメリカ人は小学校以下の教育しか受けていないということを前提にした広告メッセージは……今や減りつつある、あるいはすでに姿を消しつつある顧客層をターゲットに据えてしまっているということになるだろう。

サイエンティフィック・アメリカン／一九六二年一〇月号

コピーライターならルドルフ・フレッシュ博士の『Art of Plain Talk（シンプルな話し方）』をぜひ読んでもらいたい。これを読めば、短い単語、短い一文、短い段落を使って、極めて個性的なコピーを書こうという気になるはずだ。

作家として著名なオルダス・ハックスリーは、かつて広告を書いてみようとしたことがあるが、「広告では、ほんの少しでも文学の香りをさせることは致命的失敗につながる。広告を書く人間は叙情的であってはならないし、あいまいであってはならないし、どんな意味であっても難解であることは絶対に許されない。誰もにわかるように書かなければならないのだ。芝居や演説と同じで、よい広告は即座に理解され、直接心を打つものでなければならない」と書いている（『Old and New』ハーパー&ブラザーズ／一九二七年）。チャールズ・ラムやバイロンも広告を書いたことがある。バーナード・ショー、ヘミングウェイ、マーカンド、シャーウッド・アンダーソン、フォークナーもしかり。しかしこのうちの誰も、広告ではまるで成功しなかった。

⑧賞をとるような広告を書きたいという誘惑に負けないこと。私自身、賞をもらうたびに感謝こそするが、「結果を出す」キャンペーンのほとんどは賞などどとらない。コピー自身に注目を集めることがないからだ。賞の審査員たちは、審査すべき広告の「結果」について十分な情報を与えられてはいないものだ。そういう情報がないと、どうしても自分たち自身の意見に頼らざるを得ず、勢い高尚に偏ったものが選ばれがちになる。

⑨優れたコピーライターは、「人を楽しませたい」という誘惑と常に戦ってきた。コピーライターの仕事は、どれだけの数の新製品に幸先のよいスタートを切らせることができるか

が勝負だ。広告界において、クロード・ホプキンスはずば抜けた広告人であり、料理界におけるエスコフィエと肩を並べる存在だが、今の基準で見ると野蛮極まる恥知らずにさえ見える。しかし、技術的にはやはり至上の達人と言えるだろう。

その次には、レイモンド・ルビカム、ジョージ・セシル、ジェームズ・ウェブ・ヤングを挙げたい。彼らは皆、ホプキンスのなりふりかまわぬセールスマン根性こそ欠いていたが、誠実さと仕事の幅の広さ、それに必要とあらば上品なコピーも書けるという才能によってそれを補っていた。その次には、通販広告のスペシャリストであるジョン・ケイプルズがくるだろう。彼からは私もずいぶん学ばせてもらった。こうした巨匠たちは、新聞や雑誌の広告を書いていた人々だ。ＴＶにおいて誰が最高のコピーライターかを決めるのはまだ時期尚早だろう。

7

人を惹きつけるイラストレート法

「ストーリーの魅力」を引き出す

ほとんどのコピーライターは言葉で考えているから、絵・図・写真といったいわゆるイラストレーションをどうするかについては十分に時間をかけていない。しかしイラストレーションはコピーよりスペースをとることも多く、コピー同様商品を売るために働かせなければならない。ヘッドラインと同じように商品の効果・効能を一瞬で伝えるものでなければならないのだ。広告会社のドイル・デイン&バーンバックには、広告のイラストレートに関してユニークな才能がある。彼らがフォルクスワーゲンの広告に使った写真はずば抜けていた。

イラストレーションのテーマは何かということは、どんなテクニックを使うかよりも重要だ。どの分野の広告でもそうだが、大事なのは形式よりも内容だ。もし写真について素晴らしいアイデアがあるなら、カメラマンに傑出した才能がなくてもかまわない。しかし、光るアイデアがまったくないのなら、アーヴィング・ペンをもってしても救いようがない。

ギャラップ博士は、カメラクラブで賞をとるような繊細で微妙で構成の美しい写真は、広告では効果がないことを発見している。効果的なのは、読者の好奇心をかき立てるような写真だ。それを見て「これはどうなってるんだ?」と思い、その答えを見つけるためコピーを読む——。こういうしかけにしなければならない。

リサーチの天才ハロルド・ルドルフはこの不思議な要素を「ストーリーの魅力」と呼び、写真の中にこういう要素を入れ込めば入れ込むほど、多くの人が広告に目をとめることを実践してみせた。この発見は、我が社のキャンペーン作りにも大きな影響を与えている。

ハサウェイが初めて全国的な広告を展開したとき、その統括を依頼された私は、ヤング&ルビカムが作った歴史に残るアローのシャツのキャンペーンよりも優れたものを作ろうと決めた。しかし、アローの予算が二〇〇万ドルだったのに比べて、ハサウェイの広告予算はたったの三万ドル。奇跡を起こさなければならなかった。

幸いにも私はルドルフから、「ストーリーの魅力」を強烈に打ち出せば読者が足を止めて気づいてくれることを学んでいたので、この魔法の要素を広告に注入した一八通りの案を考え出した。一八番目のアイデアがアイパッチ（眼帯）だった。最初はもっと一目瞭然にわかるアイデアの方がいいと思ってこのアイデアは却下したのだが、スタジオへ向かう途中、私はドラッグストアに立ち寄って、一ドル五〇セントでアイパッチを買ってしまった。これがどうしてこんなに成功することになったのか……。私には今後も絶対わからないだろう。ともかくこの広告が一一六年間も無名の会社だったハサウェイを一躍有名にしたのだ。全国的なブランドがこんなに安上がりに作られた例も珍しいだろう。世界中の新聞や雑誌に、この広告に関する記事が載った。何十という企業が、自社の広告でこれをまねた。デンマークだけでも五つは目にしている。火曜の雨の朝にしてはまずまずのアイデアだと思ったものが、私を有名にしたのだ。願わくばもっとまじめな仕事で有名になりたかったものだ。

キャンペーンが進むにつれ、自分がその場にいたいと思うさまざまなシチュエーションでこのアイパッチモデルを展開していった。たとえばカーネギーホールでニューヨーク交響楽団を指揮するとかオーボエを吹く、メトロポリタン美術館でゴヤを模写する、トラクターを運転する、その他フェンシングをする、ヨットに乗る、ルノワールの絵を買う等々だ。

八年後、よき友エラートン・ジェッテはハサウェイをボストンの資本家に売り、半年後、その資本家はこれを転売して数百万ドルの利益を手にした。一方、私がこの広告で得た利益の総額は六〇〇〇ドルだ。もし私が広告人でなく資産家だったら、今頃はどんな金持ちになっていたことだろう、そしてどんなに退屈していたことだろう。

もうひとつの「ストーリーの魅力」の例は、エリオット・アーウィットが撮ったプエルトリコ観光キャンペーンの写真だ。チェロを弾いているパブロ・カザルスを撮る代わりに、アーウィットは、椅子の背に偉大なるカザルスのチェロがもたせかけてあるだけの誰もいない部屋を撮ったのだ。「どうしてこの部屋は空っぽなんだろう？　カザルスはどこに行ったんだろう？」、これを見た人はこう思ったにちがいない、そして答えを求めてコピーを読む。読んで、サンファンでのカザルス・フェスティバルの切符を予約する。このキャンペーンを初めてから最初の六年間、プエルトリコの観光収入は、それまでの年間一九〇〇万ドルから五三〇〇万ドルにまで跳ね上がった。

広告にぴったり合ったいい写真を撮る労を惜しまなければ、商品がもっと売れるだけでなく、一般的に高い評価を受けるという栄誉にも浴することになるだろう。疑う余地のない高名な広告批評家であるJ・K・ガルブレイス教授が、私にこんな手紙をくれたときには本当に励まされる思いだった。「私は長年写真に興味を持ってきました。そして何年にもわたってあなたの作品を見てきましたが、選定の点でも印刷の点でも、あなたの作品は実に優れたものだと思っております」

「写真」か「イラスト」か

リサーチが繰り返されるたびに、「イラスト」よりも「写真」の方がずっと商品が売れることが確認されてきた。写真の方がより多くの読者を惹きつけ、より強く食欲に訴える。より記憶に残り、クーポンを切りとる人も多い。そしてより商品が売れる。写真が現実を表すのに対し、イラストは空想の産物で信頼性が低いのだ。

我が社が「イギリスへいらっしゃい」キャンペーンを引き継いだとき、前の広告会社が使っていたイラストを写真に差し替えることにした。読まれる率は三倍に上がり、その後一〇年間で、アメリカ人旅行者がイギリスに落とす金額も三倍に跳ね上がった。

広告でイラストを使うなと言うのは悲しい。私個人は、広告に挿絵を描いてもらって画家に儲けさせてやりたいのだ。しかしそんなことをすれば商品が売れなくなり、クライアントは倒産、結局は画家を援助するパトロンがいなくなることになる。写真を使えばクライアントはますます繁盛し、十分に儲けてその金で絵画を買い、美術館に飾ってくれるだろう。

中には、広告に抽象画を使うクライアントもいる。私がこんなことをするとすれば、それが何の広告かを読者に教えたくないときだけだ。広告は、何を売ろうとしているのかを見る人に即座にわからせることが不可欠なのだ。抽象画は、広告に使えるほど素早くメッセージを伝えることはできない。

抽象的なイラストレーションで成功した広告主といえば、故ウォルター・ペプケただ一人だ。彼のコンテナ・コーポレーションのキャンペーンはあまりにエキセントリックだったので、競合他社から一線を画すことになった。しかし早合点は禁物だ。エキセントリックでない人に向けてエキセントリックな広告を発信するのは、よほど気をつけた方がいい。

使用前、使用後の写真は、どんな言葉よりもポイントをはっきりさせ、読者をとりこにする力があるようだ。「この双子のうちのどっちがトニを持っている？」という広告のように、同じような写真を二つ並べて読者に挑戦するというのもいい。

どっちの絵を使うか決めかねる場合は、新聞でスプリットラン・テストをして、どのくらい読者を惹きつけるか比較してみるといい。我が社も、KLMオランダ航空の広告に、飛行機の写真と行き先の写真のどちらを使うべきかという論争に決着をつけるためにこのテクニックを使った。行き先の写真の方が飛行機の写真の二倍もクーポンが送られてくる率がよかった。というわけで、KLMオランダ航空の今の広告では、行き先の写真が使われている。

ギャラップ博士のもとで働いていた頃、映画を観る人は、異性の俳優よりも同性の俳優の方により関心があるという証明ができた。確かにこのルールにもいくつか例外はある。男性は若くてセクシーな女優を見たくて映画館に足を運ぶし、男装の麗人は男性には受けない。しかし一般的に言って、人は自分と同一視できる映画スターにより興味を持つということだ。同じように、夢の中に出てくる人物は、たいていの場合同性の方が多い。カルヴァン・ホール博士によれば、「男性の夢の中の登場人物の男女比は、一・七対一で男性の方が多い……

これはホピ族でも同じで……人類に普遍的な現象と言えるかもしれない」（三八七四例の夢を分析したホール博士の研究は、さらに驚くべき結論をも導き出している。曰く「蛇口は、もっと優れたペニスを持ちたいという男性の夢から発明されたものだ。お金の発明は、もっと山のように糞を集めたいという夢から来たものだし、ロケットは満たされないエディプス・コンプレックスを持つ一団による発明だ。家は子宮回帰願望によって、ウィスキーは乳房願望によって発明された」）。

広告に対する消費者の反応にも、これと同じことが観察できる。女性の写真を使うと、男性はその広告を見ない。男性の写真は女性には見てもらえないものと思った方がいい。

広告に女性を惹きつけたい場合、一番いいのは赤ちゃんの写真を使うことだ。赤ちゃんの写真は、「家族」の写真の二倍、女性の目をとらえることがリサーチで確認されている。赤ちゃんはどの家庭でも注目の的だが、大きくなってしまえば単なる家族の一員になり、特別の興味を惹かなくなるのだ。しかしここで困った問題にぶつかる。赤ちゃんは消費者として何かを大量に消費することがないので、企業側が赤ちゃんの写真を使うのに反対するのだ。たいていの企業は健康そうな家族全員の写真をほしがる。

広告をやっていて一番楽しい雑用は、広告やTV・CM用にきれいな女の子の写真を選ぶことだ。かつては、これは自分がやると勝手に決めていたものだが、自分の好みと女性消費者の好みがあまりに違うので、とうとうあきらめた。女性に好かれる女性と、男が好む女性は違うのだ。

その他にも、ヴィジュアル使用の際に注目すべきポイントとして次のようなものがある。

●カラー印刷の広告は、平均してモノクロの二倍記憶に残りやすい。

●歴史的なテーマは避けること。ウィスキーの広告なら効果があるかもしれないが、それ以外には効かない。

●人の顔をあまりにも巨大なアップで使わないこと。見る人に反感を持たれる。

●イラストレーションはできるだけシンプルにして、一人の人物に焦点を絞ること。群衆シーンは関心を引かない。

●「開いた冷蔵庫を指さしてにっこり」といったステレオタイプな状況は使わないこと。

にっちもさっちもいかなくなったときには、こんなアドバイスもいいだろう。

クライアントがうめき、ため息つくなら
ロゴのサイズを二倍にすべし。
それでもきかなきゃ、工場の写真を入れろ。
どうしてもダメだというときだけ
クライアントの写真を入れてやれ。

「ロゴサイズを二倍にする」というのはいい。何のブランドかわからないような広告が多いからだ。「クライアントの写真を入れる」というのは、バカばかしい感じがする割にはよい戦略だ。大衆は企業よりも個人に興味があるからだ。クライアントによっては、たとえばヘレナ・ルビンスタインやホワイトヘッド海軍中佐のように、自らが商品の生きたシンボルになることもある。しかし「工場の写真を入れる」というのは賢明なアイデアとは言えない。売り物が工場なら別だが。

まだ疑うことを知らない生徒を教育するアートスクールの多くは、いまだにバウハウスの神秘を支持している。そういう学校は、広告の成功は「バランス、動き、デザイン」といったものにかかっていると思い込んでいるのだ。だがそう言える「証拠」はどこにあるのだろう？　私が調査したところによれば、こういった漠然とした美的なものによって売り上げが伸びることはないし、正直に言えば、こんな説教を真に受けている古くさいアートディレクターという人種には敵意を持っている。こういう恐れ多いアートディレクターの中でもお偉方の面々が勢揃いするアートディレクターズ・クラブが、ヘンリー・ルース、フランク・スタントン、ヘンリー・フォード、それと私に、「アートディレクターがよい環境で仕事ができるように力をつくした」ことに対する特別賞をくれると言ってきたときには、どれほどの恐怖だったかご想像いただきたい。広告キャンペーンを不能にする〝アートディレクター症候群〟という病に対して私が敢然と戦いを挑んでいることを知っていて、こんな賞をくれたのだろうか？

まかり間違ってまたしても賞をもらうというような不名誉に浴さないともかぎらないので、私はもうこうしたアートディレクターの団体が組織するコンテストに、我が社の作った広告レイアウトをエントリーすることはない。彼らの神は私の神とは違う。私には私の考え方がある。それは、ギャラップ博士やスターチ博士、通販広告のエキスパートたちが記録してきたような人間行動の観察に基づいたものだ。

レイアウトは、常にそれが掲載される印刷物を具体的にイメージしてデザインすること。

印刷物に貼り込まれたときにどう見えるか確認するまではOKを出してはいけない。完成したレイアウトを灰色のボール紙の上に乗せセロファンで覆うという、「真空状態」で見て出来を判断する方法がどこでも行われているが、これでは判断を誤りやすく危険だ。レイアウトは、それが掲載される新聞や雑誌のグラフィックの中で見なければならない。

若くて経験の浅いクライアントが、最近私にこんなことを言った。「あなたのレイアウトの中でどれが一番いいか、掲示板に貼ってみたらすぐにわかりましたよ」。しかし読者はそんな環境で広告を見るわけではないのだ。

「読ませる」ための細やかなテクニック

広告は「いかにも広告らしく」見える必要はない。もし新聞記事のように見せることができれば、五〇パーセントは読者が増えるはずだ。こんなトリックをしかけたら大衆は怒るにちがいないと思うかもしれないが、実際そうだという証拠はどこにもない。

ジッポの広告は、「ライフ」誌の編集者が使うのと同じ、シンプル極まるレイアウトにしてある。小細工は一切なく、飾り気もない。装飾のために芸術がいのフォントを使っているわけでもないし、手書き文字もなければトレードマークもシンボルさえもない（昔はトレードマークとシンボルはとても役に立った。これさえあれば字が読めない人でも何のブランドかがわかったからだ。しかし、今のアメリカにはもう文字の読めない人はいないので、どのブランドかを認識してもらうには、名前を載せるだけでよくなった)。

雑誌の編集者たちは、記事自体よりも写真下のキャプションの方がより多くの人に読まれることに気づいた。同じことが広告にも言える。「ライフ」に掲載された広告についてスターチが集めたデータを分析してみたところ、平均してボディ・コピーを読む二倍の人が、キャプションを読んでいることがわかった。したがって写真には必ずキャプションをつけなければならないし、ミニ広告として、キャプションには必ずブランド名と効能を入れておかなければならないということになる。ボディ・コピーを一七〇語以下に抑えられれば、我々がテトリーティーの雑誌広告でやったように、写真の下にキャプションとしてボディ・コピーを入れることも可能だ。また、長いコピーが必要な場合も、次のような工夫が編み出され、どれも読者数を増やすことが確認されている。

①ヘッドラインとボディ・コピーの間に、二、三行のサブヘッドを入れると、これから読むことに対する期待感が高まる。

②ボディ・コピーの書き出しを大きな文字にすると、読む人の数は一三パーセント増える。

③最初のパラグラフを一一語以下に抑えること。最初のパラグラフが長いと、読者は恐れをなして読む気をなくしてしまう。パラグラフはすべてできるだけ短くする。長いパラグラフを読むのは疲れる。

④コピーの行が五~八センチ幅ほど続いたところで小見出しを入れ、その後、適宜小見出しを散りばめる。小見出しは読者を先へ先へと誘う。小見出しのいくつかは疑問形にして、次のコピーに対する好奇心を刺激する。小見出しを太字にして、うまくつないでいくと、文章全部を読むのは疲れるのでチラッと斜め読みするだけという読者にも、全体として何を言っているのかを伝えられる。

⑤コピーは一行四〇字以下にすること。新聞でものを読む習慣がついている人が多いが、新聞記事はたいてい一行二六字になっている。一行が長くなればなるほど読む人は減る。

⑥文字の大きさが九ポイント以下だと、ほとんどの人にとって読みにくい。本書の活字は一〇ポイントだ（邦訳の本書もこれに倣っている）。

⑦本書で使っているような明朝体のフォントは、ゴシック体より読みやすい。バウハウス一派はこれに気づいていない。

⑧私が子どもの頃は、どのパラグラフもすべて同じ数行にしてきちんと並べるのがはやったものだが、今はわざとパラグラフごとに行数を変える、つまり適宜改行して独立した行を作った方が読者数が増えることがわかってきた。ただし各段の最終行は別で、この行を独立させると読者はそこで読むのをやめてしまう。

⑨長いコピーは単調になりがちなので、重要な部分をゴシック体や斜体文字にして変化をつける。

⑩ところどころに写真やイラストを入れる。

⑪矢印、黒丸、星印、欄外のマークなどを使って、読みやすいように工夫する。

⑫それぞれ関係のない事実をたくさん並べるときには、やっかいな接続語など使わずに、本書のように単純に番号を打って列挙する。

⑬コピーを裏焼きにしてはいけない、つまり、黒地に白抜きの文字を書いてはならない。また、灰色や他の色地の上に書いてもいけない。旧来のアートディレクターの一派は、こういうふうにすると人はコピーを読まずにはいられなくなると思っていた。しかし今は、こうすると人間は生理的に読めなくなることがわかっている。

⑭パラグラフとパラグラフの間に行間を入れると、平均一二パーセント読まれやすくなる。

ヘッドライン中のフォントに変化をつければつけるほど読まれにくくなる。我が社では、ひとつのヘッドラインはすべて同一サイズ・太さのフォントで統一するようにしている。

ヘッドラインもその他の広告文も小文字で書くこと。子どもの頃から小文字で読むことを教わってきたせいだろう、大文字で書かれると非常に読みにくい。本や新聞や雑誌も小文字で書かれているので、人は小文字を読み慣れているのだ。

ヘッドラインの一部を写真やイラストで隠したりしないこと。旧式なアートディレクターが好んで使う手法だが、こうすると、広告への注目度が平均一九パーセント低下する。新聞の編集者は絶対にこういうことはやらない。たいていの場合は新聞の編集者をまねること。新聞でものを読む習慣が身についている人が多いからだ。

広告にクーポンを載せ、送られてくる率を最大にしたいなら、クーポンを一番上のど真ん中にぶち込むこと。こうすれば、従来のようにページの一番下の隅の余白に入れるより、返り率が八〇パーセントも上がる（これを知っている広告人は一〇〇人に一人もいない）。

H・L・メンケンはかつて、アメリカ人消費者のセンスを見くびってつぶれた会社はないと豪語したが、これは真実ではない。いやみにならない程度なら、センスのいいレイアウトにはそれなりの効果があることがわかった。レイアウトにセンスがないと、商品のセンス自体も疑われる。常にファーストクラスの扱いをして損をする商品はほとんどない。社会的な地位がしょっちゅう変わるような社会では、たいていの人は友人に見られたとき二流と思われるような商品を使いたくはないものだ。

ポスター作成における鉄則とは？

最近、私の作ったポスターに対して心温まる賛辞をもらった。カリフォルニアにあるエチオピア・バプティスト派教会の牧師さんから、こんな手紙をもらったのだ。

オグルヴィ様

私どもはカリフォルニアのハイウェイで神の言葉を広めている小さな教会の一派です。いろいろな広告ポスターを使っておりますが、デザインにコストがかかるため、よく問題が起きるのです。最近、シュウェップスのポスターを拝見しました……髭の男性が両手を広げているものです……もしこの写真がご不要になった暁には、私どもにお送りいただくわけにはいかないでしょうか。この写真に「キリストは救いたもう」というメッセージを印刷してカリフォルニアのハイウェイに立て、神の言葉を広めたいと存じます。

クライアントの顔が「神の子」と思われることになれば、今後は一ペニーも広告費はいらなくなるし、バプティスト派信者は全員シュウェップスに改宗するだろう。想像すらできないほどの驚きで、私の夢はどんどん膨らんだ。しかしそれでは手数料がもらえなくなるかもしれないと思い直し、やっとの思いで牧師さんには、「せっかくですが、その髭の男性であるホワイトヘッド海軍中佐は、そのような聖なる役目を演じるに足る人物ではありません」と返事をした。

私はポスターというものがどうも好きになれない。ドライバーが通り過ぎる間に読めるのは、せいぜい六語が関の山だ。私は訪問販売のセールスマンをしていたから、たった六語でものを売るのは不可能だということを知っている。新聞や雑誌の広告なら何百語でも書くことができる。ポスターは大声でスローガンをがなりたてる輩のものだ。

私はいい景色を眺めるのが大好きだが、その景色が広告看板によってよりよくなっているのを見た試しがない。素晴らしい眺望のところに看板を立てるほど恥ずべき輩はいない。私がマディソンアベニューを引退した暁には、覆面バイク隊を結成して世界中をめぐり、月のない夜にはそこら中の看板という看板をなぎ倒してまわる秘密結社をこしらえるつもりだ。市民としてこんな奇特な善行を行ったかどで我々を有罪にする陪審員がいるだろうか？

広告看板を所有する奴は不届きなロビイストだ。汚い手を使って、アメリカの高速道路にポスターを掲示することを禁じる法案を撃沈してしまった。ポスター業界は何千もの労働者を雇用していると言いたてたが、そんなことを言えば売春宿だってそうだ。

そうは言ってもポスターはなくならないし、早晩そのデザインを頼まれないともかぎらない。というわけで、これについても少しばかりアドバイスをしてみよう。

ポスターを作るなら、広告アートの巨匠サヴィニャックが言う「ヴィジュアル・スキャンダル」になるような大傑作にすべく腕によりをかけることだ。スキャンダルが行きすぎれば、一目拝もうとする人々で交通渋滞が起きて大事故にならないともかぎらないが。

ヨーロッパでは、長い間アメリカのポスターを低俗だとこきおろすのが流行だった。確かにカッサンドルやロイピン、サヴィニャックやマックナイト・クーファーのポスターと並べると、アメリカのポスターが美しさで引けをとらないと豪語することはできない。しかし、悲しいかな、アメリカ産のつまらないスタイルの方が、ヨーロッパのアーティストたちの抜群のデザインより素早くポイントを主張し、より記憶に残ると信ずるに十分な証拠がある。

第二次世界大戦中、カナダ政府は私の昔のボスであるジョージ・ギャラップ博士に、いくつかの新兵募集ポスターがそれぞれどの程度効果的か比較してほしいと要請した。その結果、一番効果があったのはリアルな絵、もしくは写真を用いたポスターだった。抽象画やシンボリックなデザインでは、意味が十分伝わらなかったのだ。ポスターは広告以上に、イラストレーションでも商品のセールスポイントがすぐにわかるようでなければならない。こういうことのできる才能ある広告人はめったにいないし、私もその才能ある一人ではない。

運転中のドライバー向けポスターを作ろうというのなら（そんな代物を作ろうとはまったくしようのない奴だとは思うが）、五秒で獲物をしとめなければならない。リサーチによって、強烈な原色の方が素早く目につくことがわかっている。色を混ぜたりしないこと。ひとつのデザインに三つ以上の要素を詰め込まないこと。背景は白、さらに文字に影をつけて輪郭を浮かび上がらせること。何よりも、できるだけ文字を大きくし、太字体で、ブランド名が一目でわかるようにすること。これが実現されているポスターはほとんどない。

こんなシンプルなことでも、実行すれば役に立つポスターができる。しかし、現代美術界の目利きには絶対ウケないことだけは言っておく。野蛮人の見本としてさらし者になる覚悟をしておいた方がいいかもしれない。

8

視聴者の心を動かすTV・CMの条件

「数秒間のTV・CMのフィルムは、直径六センチほどの薬ビンにすっぽり収まってしまう。このちっぽけなものが、三〇人もの人間が数週間をかけて力をつくした努力の結晶であり、儲けを生むか大損をするかを決しうるのだ」と広告人スタンホープ・シェルトンは言う。

実は、番組の視聴者数を二倍にするよりも、CMの販売力を二倍にする方が簡単だ。我々名もないCM書きのコピーライターを見下げつつ番組を作っているハリウッドの下っ端貴族が、これを知ったら驚くかもしれない。

CMの目的は、視聴者を楽しませることではなく、ものを売ることだ。広告リサーチのパイオニア、ホラース・シュウェリンによれば、あるCMを好きであることと、そのCMによって実際ものを買うかどうかとの間には相関関係はないという。

だからといって、わざわざ無作法なCMを作ることはない。それどころか、もしどうせ口先だけだと思われることさえなければ、人間味があって温かなCMは功を奏すと信ずるべき理由があるのだ。

TVが始まってまだ間もない頃、CMは主として言葉に頼るという間違いを犯していた。ヴィジュアルを見せることができないラジオに慣れすぎていたのだ。しかし今では、TVでは何を「言うか」よりも、何を「見せるか」の方が大事だということがわかっている。言葉と画面は手を携えて互いを強め合うようでなければならない。言葉の役割は、画面に映っていることを説明するだけだ。

ギャラップ博士は、「言うだけでそれを画面に示さなければ、視聴者はすぐに忘れてしまう」という研究結果を報告している。見せてもいないことを言っても意味がないというのが私の結論だ。CMの音声を消して見てみるといい。音がなければ売り込む力がないCMは役に立たない。

たいていのCMは、激流のように次から次へと言葉を浴びせかけて、視聴者を混乱に陥れている。言葉は、一分間に九〇語までにとどめるべきだ。

TV・CMは印刷媒体よりたくさんセールスポイントを伝えられる、というのは本当だが、真に効果のあるCMは、ひとつか二つに絞り込んだポイントを、シンプルに伝えるものだ。いろんなものをごた混ぜにしてしまっては、視聴者は心を動かされない。だからこそ、委員会には決してTV・CMを作らせてはいけないのだ。広告において妥協は許されない。何をやるにしても、とことんまでやり切ることだ。

雑誌や新聞の広告を作るときは、まず読者の注目を集めねばならない。しかしTVの場合、視聴者はすでにTVを見ているわけだから、おどかしたりして追い払ってはいけない。「ではこれからスポンサーからの心のこもったお知らせをお送りします」と警告するなど致命的だ。視聴者の膀胱は、ベルを聞いたパブロフの犬よろしく自動的に反応し、すぐに部屋を出て行ってしまうだろう。

ほとんどのCMの目的は、視聴者が次に買い物に行ったときに覚えていてもらえるような売り文句を伝えることだ。だからどのCMでも、セールスポイントは映像として視覚的に示し、「タイトル」もしくは「スーパー」として画面に出して、最低二回は繰り返すことを勧めたい。

気の毒なことに、今や平均的な消費者は年間一万本ものCMにさらされている。だから、CMを作るときは、商品名が必ずわかるようにすること。それをCMの間、うんざりするほど繰り返すこと（私の妹の一人などは、我が社の社名は「株式会社耳タコ」にした方がいいと言う）。最低でもタイトルには商品名を示すこと。視聴者がお店に行ったときにすぐわかるように、パッケージを見せること。

CMの中では、何よりも商品を目立たせること。我が社が作ったマックスウェル・ハウスコーヒーの「最後の一滴まで美味しい」という有名なCMがそうで、出てくるのはコーヒーポットとカップとコーヒーだけだ（このスローガンを考えたのは私ではない。セオドア・ルーズベルトの台詞だ）。

ＴＶ・ＣＭで売り込みに許される時間はきっかり五八秒で、クライアントは一秒につき五〇〇ドルを払っている。関係ない導入部などでグズグズしている暇はない。最初の画面から売り込みを始め、最後まで絶対に売り込みの手をゆるめてはならない。

調味料や化粧品や鼻炎の薬など、性質上デモンストレーションが必要な商品には、ＴＶは今まで発明された中で最高の広告媒体だ。これが成功するかどうかはひとえに、どうすればデモンストレーションが「信用できる」ものになるか、その方法を編み出す才にかかっている。連邦取引委員会に告発された広告がいくつかあったことで、アメリカ国民は広告のトリックについて不信感を抱くようになってしまった。

ギャラップ博士は、さまざまなＣＭに視聴者がどう反応するかについて、常に有益な情報を与えてくれる。博士によれば、ＣＭの中でまず問題が起き、それから問題を解決すべく当の商品を持ち出し、そして問題が解決するところをデモンストレーションで示すと、単に商品を説明したときに比べて、売り上げが四倍になるという。

博士はまた、「強烈なニュース性のあるCMはとくに効果的である」とも報告している。これから作ろうというCMに使えるニュースバリューは、一滴漏らさず絞りとって利用すべきだ。

しかし悲しいかな、どこを探してもニュースのかけらもないこともある。商品はもう長い間市場に出まわっているし、製法にも目立った改善はない。問題を解決するという形で示すことができない商品もある。デモンストレーションには向かないものもある。このように絶対確実な作戦が全部封じられたときはどうするか？　いさぎよくあきらめるのか？　いや、その必要はない。山をも動かすような奇跡を起こす手がもうひとつある。それが、「感情とムード」だ。視聴者に鼻で笑われることなくこの秘策を使うのは難しいが、ヨーロッパではすでに、とくにメイザー&クロウザーの作ったプレイヤーというタバコのCMに見られるように、この方法は申し分のない成功を収めている。

今、一般的な消費者は、月平均九〇〇本のCMを目にしているが、そのほとんどはアヒルの背を滑り落ちる水滴よろしく、速やかに忘れ去られてしまう。だから、CMにはちょっとした特異性があった方がいい。視聴者の心に引っかかるようなギザギザをつけておかなければならないのだ。しかしやり方には注意が必要だ。視聴者はヘンなところばかり覚えていて、肝心のセールスポイントの方はすっかり忘れてしまうものだ。

夜中の二時にヘンなアイデアが頭に浮かび、とても寝ていられなくなって、メモをとったことがある。ペパーリッジ・ファームのCMの出だしだが、俳優のタイタス・ムーディが、何頭かの馬に引かせたパン屋の馬車で田舎道を行くというものだ。これはうまくいった。

セールスポイントを歌にしてはいけない。売り込みはまじめな仕事だ。シアーズの店でフライパンを買おうとしたら、店員が突如CMソングを歌い出したとしたらどうだろう？ しゃべり言葉に比べてCMソングは説得力がない、という私の意見を裏書きする研究結果がまだ出ていないことは、率直に言って認めざるを得ない。ただ、経験的にCMソングの歌詞は聞きとりにくいし、訪問販売のセールスマンだった経験からもそう言えるということだ。私は商品を買ってくれそうな客に向かって歌ったことなどない。CMソングにセールス効果があると言い張る広告主は、これまでものを売らなければならなかった経験がないのだ。

我が社でも、こんな私の偏見に賛同しない共同経営者もいる。私の休暇中に、彼らがクライアントにCMソングを押しつけるチャンスがめぐってくることがあるが、そうしたCMソングのうち、少なくともひとつは実際に天までとどろくような騒音を鳴り響かせている。このたったひとつの例外を見れば、私の説の正しさがわかろうというものだ（この部分を書いた後で、有名なマーガリンのブランドのために作った二つのCMに関する研究結果を見る機会があった。二つのCMはそっくりだが、一方はしゃべり言葉、もう一方は歌が使われている。しゃべり言葉だけのバージョンの方が、歌っているバージョンに比べてこのブランドのマーガリンに乗り換えた視聴者が三倍も多かったという）。

映画館のスクリーンは一二メートルもの幅があり、群衆シーンやロングショットも十分見られる大きさだ。しかし、六〇センチにも満たないTVの画面は、とても「ベン・ハー」を観られるような大きさではない。だから、TV・CMでは極限まで寄ったクローズアップだけを使う方がいいだろう。

嬉しそうに飲んでいるシーン、うっとりした表情で食べているシーン、家族の団らん、その他マディソンアベニューで昔からよく使われてきたありきたりなシチュエーションは使わないこと。そういうものを見せても、自分が広告している商品に対する視聴者の消費意欲をかき立てることはできない。

9

「食品」「観光地」「医薬品」キャンペーンのポイント

本書に示す掟と、それを支える基礎となるリサーチは、ほとんどの場合「一般的な」広告に関するものだ。しかし、どのカテゴリーの商品にも、それぞれに独特の問題がある。たとえば洗剤の広告をするときには、その商品の効能を、「より白く洗える」とするか「よりきれい」にか、それとも「より輝くように」とするかを決めねばならない。またウィスキーの広告なら、どの程度ボトルを目立たせるかを決めなければならないだろうし、デオドラントの広告なら、どの程度消臭効果に力点を置き、どの程度汗止め効果を強調するかが問われるだろう。

「食品」のポイント

食品の広告には独特の問題が多数伴う。どうすればTVで食欲をそそるようにその商品を見せることができるか？　どんな単語を組み合わせれば読者にその食品が確かに「美味しい」ことがわかってもらえるか？　効能の中に「栄養」という要素はどの程度重要か？　「食べているところ」を見せた方がいいのか？……。

私はリサーチによって、こうした疑問の答えを見つけようとしてきたが、これまでわかったことは、次の二二の掟にまとめられる。

●印刷媒体の場合

①食欲を刺激することを念頭に作ること。

②食品のイラストレーションが大きいほど、食欲に訴える効果も大きい。

③人物は入れるな。スペースを食うだけだ。そんな場所があるなら食品の写真を入れること。

④カラーにすること。食品は白黒よりカラーの方が美味しそうに見える。

⑤写真を使うこと。絵よりも写真の方が食欲に訴える。

⑥写真は複数でなくひとつの方がよい。「どうしても」複数の写真を使わなければならない場合は、ひとつを目立って大きくすること。

⑦可能な場合は必ずレシピを入れる。主婦は常に家族を喜ばせる新しい方法を探しているものだ。

⑧レシピはボディ・コピーの中に埋め込まない。別にして大きくはっきりと書くこと。

⑨レシピに書いた料理をメインの写真でとりあげること。

⑩レシピのバックにアミをかけないこと。真っ白な紙に印刷した方が圧倒的に女性によく読

まれる。

⑪新製品についてのニュース、従来品の改良点や新しい使い方など、できるかぎり広告にニュース性を盛り込むこと。

⑫ヘッドラインは、一般的ではなく具体的にすること。

⑬ヘッドラインにはブランド名を盛り込むこと。

⑭ヘッドラインとコピーはイラストレーションの下に置くこと。

⑮パッケージを目立たせること。しかし食欲を刺激する写真よりも目立たせてはいけない。

⑯まじめな態度で。ユーモアやファンタジーは使わない。ヘッドラインにひねりをきかせないこと。多くの主婦にとって家族の食事作りはまじめな仕事なのだ。

●TVの場合

①商品の料理法を見せること。

②こじつけにならないように気をつけつつ、できるだけ、「まず問題が起き、それから商品によってそれが解決する」という技法を用いること。

③可能なかぎりニュースを知らせること。大きな声で明確に。

④商品は、CMの「始めの方」で見せること。

⑤音を聞かせるだけのために音を使用しないこと。使っていいのは、コーヒーポットが湧いてポコポコいう音、ステーキのジュージュー焼ける音、コーンフレークのパリパリという音など、商品に関係ある音だけ。

⑥CMの目的は売ることである。エンターテインメントの要素が勝らないように。

「観光地」のポイント

イギリス旅行休暇協会やプエルトリコおよび米国観光局の広告を請け負った経験から、よい観光広告とはどうあるべきかについて、いくつかの結論を得た。要約すると次のとおり。

①観光地の広告は、必ずその国のイメージに影響を与える。「よい」イメージを与えることが政治的に重要だ。安っぽい広告を出せば、安っぽい国だと思われてしまう。

②観光客は、家の近所で見られるものを見にわざわざ何千キロも旅行したりはしない。たとえば、スイス人に八〇〇〇キロメートルも旅してコロラド山脈を見に来いと言ってもムダだ。「その国にしかないもの」を宣伝すること。

③受け手が決して「忘れられないような」イメージを築き上げること。広告を見てから実際にチケットを買うまでの期間は非常に長いこともあり得る。

④掲載するメディアは、遠いところまで旅行する余裕のある層が手に取るものにすること。そういう人々の教育水準は高い。彼らの知性をあなどらないこと。従来の旅行広告で使われてきた決まり文句は避け、大人向けの言葉づかいをすること。

⑤外国旅行をはばむ最大の原因がコストだ。文化の匂いやステータスを刺激する売り文句を使って、受け手が旅行コストを正当化しやすくすること。

⑥旅行パターンには独特の流行がある。広告する国を、「誰もが行く国」の地図に加えるような広告を作ること。観光では時流に乗ることがとくに効果的だ。

⑦人は遠くの場所を夢見る。広告によって、ただの夢を行動に変える――潜在的エネルギーを行動のエネルギーに変えること。それには、具体的に「何をどうすればいいか」という情報を与えるのが一番だ。私のイギリス、アメリカ、プエルトリコ観光キャンペーンは、思わずつりこまれるような写真と具体的な情報を組み合わせることによって成功した。

⑧深遠なテーマには要注意。キャンペーンのスポンサー国の国民は興味を持つかもしれないが、外国人観光客、つまり顧客が外国に出かけるのは、お決まりのものを見るためだ。

私の作った「イギリスへいらっしゃい」という広告は抜群の成功を収めたが、一方でイギリスのマスコミ界からは集中砲火を浴びることにもなった。茅葺き屋根のコテージや、ものものしい行列や儀式といった古くさいイメージを撒き散らして、イギリスの威信を傷つけたというのだ。私は、イギリスがあたかも古色蒼然とした過去の栄光の中で生きながらえている牧歌的な国であるかのような印象を与えたというかどで糾弾された。なぜ、世界にペニシリンやジェットエンジン、ヘンリー・ムーアや原子力発電所を知らしめた、活気があり福祉にも手厚い先進国というイギリスの「真実の姿」を伝えようとしないのかと。

こうしたものは「政治的には」価値があるかもしれないが、キャンペーンの唯一の目的は観光客を惹きつけることだ。わざわざ海を渡って発電所を見に行こうなどというアメリカ人はいない。ウェストミンスター寺院が見たくて行くのだ。私だって同じだ。

外国旅行をするとき、どの国に行くかを決める際に、アメリカ人観光客はその国の人々の態度に影響されることが多い。私が調査したところによれば、アメリカ人の考えるイギリス人とは、礼儀正しく、教養があり、正直で率直、清潔で良心的であるということだ。しかしまた一方で、お高くとまっている、横柄、陰気という印象も持っている。というわけで、我々の広告では、イギリス人がどんなに「親切か」を述べ、できるだけ固定観念のマイナスイメージを正すよう努めた。

アメリカ人にとって「何かを食べたくて」旅行することがあまりに少ないのには驚く。フランスでコックをしていた私としては、アメリカ人がフランス料理よりもイギリス料理の方が好きだとは信じ難いが、事実は事実として受け入れなければならない。アメリカ人はフランス語が読めないし、こってりしたソースが嫌いなのだ。

旅行に行きたくてたまらないアメリカ人観光客の渇きをいやすという意味では、イギリスもフランスに決して引けをとらない。イギリスのビールはお気に召さないかもしれないが、アメリカ人観光客はクラレットよりもスコッチウィスキーの方が好きだ。これは今やフランス人も徐々にそうなりつつある。まったくいやな時代になったものだ。

あるとき、私はイギリスの閣僚と手を結んで、イギリス旅行を推進する広告をアメリカで展開すべく、イギリスの国庫からもっとお金を吐き出させようと画策していた。閣僚が言うには「イタリアの空の下で思う存分陽射しを浴びていたっていいのに、どうしてまともなアメリカ人観光客が寒くて雨ばっかりの夏のイギリスに来ようなんて気を起こすのかね？　その理由は、ただただ君の広告のせいとしか考えられないね……」。――まさしくそのとおりである。

「医薬品」のポイント

薬の広告には特殊技術を要する。この特殊技術を手がける人にお勧めしたい原則を、次に簡単かつ独断的に挙げてみよう（こうした原則にたどり着くには、ルイス・レドモンドに大いに助けてもらった）。

①優れた医薬品広告は、競合品との「決定的な差」を提示している。

②優れた医薬品広告にはニュース性がある。新製品のことかもしれないし、従来品の新しい面や新しい診察法、あるいは臭い息を「ハリトーシス（口臭）」とネーミングするように、これまでにもあった不具合に新鮮な名前がついたということかもしれない。

③優れた医薬品広告には真剣味がある。患っている人にとって、肉体的苦痛は笑いごとではない。患者は自分の不快な症状が現に存在していることを認めてもらいたがっている。

④優れた医薬品広告は、権威を漂わせている。薬のコピーには、医者と患者の関係が内在している。単なる売り手と買い手の関係ではない。

⑤この種の広告は単に製品の価値を誉めたたえるものであってはならない。「その病気について説明する」ものでなければならないのだ。患者に、自分の症状について何かを学んだという気にさせなければならない。

⑥信じやすさにつけ込んではならない。苦しみに耐えている人は、これによって助かると信じたいのだ。信じようとする力は、薬の有効成分の一部なのだ。

10

一流の広告人への道案内

私のアイルランドの先祖の一人は、東インド会社に入り、「金のなる木を揺さぶる」ことに成功した。つまり、一財産築いたということだ。今や私も子孫を持つ身になり、目が覚めている間はマディソンアベニューで「金のなる木を揺さぶって」いる。どうしてこんなことができたのだろう?

トップに登りつめる広告人の共通点

この一四年間、仕事をする人間としてスタッフたちを観察してきた結果、急速にトップにのし上がる人間の行動パターンがわかった。

まず、野心がなければならない。しかしそれをむき出しにして攻撃的になってしまうと、同僚たちが決起してあなたをつぶしてしまうだろう。俗に、「どんな兵士でも、必要とあらば背嚢《はいのう》から指揮棒を取り出して一隊を指揮することができる」などと言う。それはそのとおりだが、わざわざ指揮棒を突き出して見せてはならない。

もしハーバード・ビジネススクールを出てすぐ広告会社に入ったのなら、傲慢《ごうまん》さを表に見せないようにして勉強を続けることだ。一年ほど退屈なトレーニングをすれば、きっとAEのアシスタント(少尉候補生のようなものだ)になれるだろう。その瞬間から、受け持った取引先については社内で誰よりも詳しくなろうと決意することだ。たとえばそれがガソリン会社なら、石油製品に関する化学や地質学、流通についての教科書を読む。この分野の業界紙には全部目を通す。ガソリンについてこれまで自社が書いたリサーチレポートやマーケティングプランをすべて読む。土曜の朝はガソリンスタンドに行って、ガソリンを入れる作業をしたり、ドライバーたちと話をしたりする。クライアントの精油所や研究所に行ってみる。クライアントの競合他社の広告を研究する――。こうすれば、一年目の終わりには上司よりもガソリンに詳しくなっているはずだ。上司の跡を継ぐ準備が整ったわけだ。

残念ながら、広告会社で働く若者のほとんどは怠慢で、こんな宿題はやりたがらない。だからいつまでも上っ面の知識しか身につかないのだ。

クロード・ホプキンスは自分が成功した理由について、同僚のコピーライターの二倍の時間働いたので、二倍早く出世したのだと言っている。過去四〇年間で最高の広告会社のひとつの優秀な業績の秘密は、創業者が奥さんと仲が悪く真夜中を過ぎるまでめったに会社を出ることがなかったという事実にあった。私も独身の頃は夜中の二時三時まで働いたものだ。余暇にはバラを育てたり、子どもたちと遊んだりしたいと言うあなたの方が、人間としてはきっとより好ましいのだろうが、それならば望んだほど昇進が早くないと文句は言わないでほしい。経営者は誰よりも働きのよい人間を昇進させるのだ。

もし広告会社の社員の給料が出来高払いで決まるのなら、怠け者は当然の報いを受け、一方働き者は今よりもっと早く栄光を手にするだろう。

ウィリアム・B・ショックリー博士がベル研究所の科学者たちの創造性に関して調査を行ったところ、もっとも創造力に富んだ上位二五パーセントの科学者グループは、もっとも創造力に欠ける下位二五パーセントのグループの一〇倍もの特許を出願しているのに、給料は五〇パーセント多いだけだという発見をした。そんな不公平な！　私もそう思う。

アルバート・ラスカーはかつて、働きのよくないコピーライターに週一〇〇ドルを払う一方、クロード・ホプキンスに対しては、彼の書く一〇〇万ドルの価値を生みだすコピーひとつに五万ドルを払っていた。こうして、ラスカーもホプキンスも、そしてそのクライアントも利益の分け前に預かったのだ。

広告キャンペーンの成功は、決してたった一人の人間のおかげではないというフリをするのが昨今の流行だ。「チームワーク」というやつを強調するのは、まったくくだらない人気とりの戯言、大部分を占める凡庸な人間たちの陰謀だ。委員会などに、広告もCMもどんなイメージも作れるわけがない。経営トップのほとんどは、ひそかにこのことに気づいていて、金の卵を産む貴重な才能を見逃すまいと油断なく目を光らせている。こうした才人が、ホプキンスのようなスケールで報いられることはもうないが、広告会社の中で、不景気でもクビを切られる心配がないのはこういう才人たちだけだ。彼らには給料を払うだけの価値がある。

広告会社でやることになる仕事の大半は、決まりきった管理業務だ。これをうまくこなせば徐々に昇進するだろうが、重大な場面に遭遇したときこそ最高のチャンスだ。問題は、重大なチャンスが訪れたとき、それを見逃さないことだ。

何年か前、リーバ・ブラザーズが、広告を担当している七つの会社に対して「TVというメディアについての方針を示した報告書」の提出を求めたことがあった。当時そうしたことを企業が求めるのは珍しかった。この要請に対して、他の広告会社は五、六ページの適当な文書をまとめたが、我が社の若いスタッフは、ありとあらゆる統計を集めて三週間昼夜の別なく研究し、一七〇ページにものぼる分析結果を提出した。無精な同僚たちは彼のことを「仕事中毒」と言ってせせら笑っていたが、一年後、彼は重役に抜擢された。仕事上の大成功をもたらすのはたいてい、こんなたったひとつの出来事だ。「クライアントにさすがだと思わせなければならない」というわけだ。

最近広告会社に入ってくる若者は、たいていAEになろうと決めている。おそらくビジネススクールで、専門職ではなく経営管理をすることこそあなたたちの使命だと教え込まれてくるせいだろう。しかし、世界の六大広告会社のトップは、そこに登りつめるまでは全員スペシャリストだったということを彼らは忘れている。うち四人はコピーライター、一人はメディア担当、もう一人はリサーチ担当だった。AEだった人は一人もいないのだ。

AEとして頭角を現すのは、スペシャリストとして頭角を現す以上に難しい。AEが栄光に包まれる機会は非常に稀だからだ。輝かしい成功のほとんどすべてはスペシャリストがさらってしまう。だからうちの息子には、メディア、リサーチ、コピーのいずれかのスペシャリストになるようにと言ってある。こうした部門での競争は比較的ゆるやかだし、決まりきった日々の業務以外のことに挑戦する機会も多い。それに、心理的にも金銭的にも安心感を与えてくれる専門知識が身につくはずだ。

AEの仕事に伴う出張や接待に魅力を感じている若者もいるかもしれない。しかしやってみればすぐにわかるが、一流レストランでのランチも、スフレを食べながらマーケット・シェアの低下について説明しなければならないとしたら、とても楽しいどころではない。自分の子どもが入院しているというのにテスト・マーケティングを一巡しなければならないのは最悪だ。

それでも、もし息子が私の忠告を無視してAEになったとしたら、こんなアドバイスをするだろう。

優れたAEになるための一〇のアドバイス

①早晩、クライアントは君をクビにしようとするだろう。君が嫌いなのかもしれないし、君がクライアントの期待を裏切ったせいかもしれないし、もしかしたら君の会社のサービス部門の失敗を君になすりつけたいだけかもしれない。でもガッカリしてはいけない! 一年に三つものクライアントに切られても生き延びた広告会社の社長もいる。

②たとえ君が、厨房のシェフと食堂の客との間を往復するウェイターよろしく、クライアントとサービス部門との間の連絡係以上の機能を果たしていないとしても、おそらくなんとかやっていくことはできるだろう。だがそんなAEは「連絡要員」と呼ばれるのがお似合いだ。君はこの不可欠な業務を自信満々にやってのけるだろうが、もっと大きな観点から

自分の仕事を見てもらいたい。優れたAEは、とくに複雑な専門知識を身につける。それは、「マーケティングの専門家」になるということだ。

③どれほど身を粉にして働こうとも、どれほど知識を増やそうとも、君がクライアントの政策レベルで自分の会社の代表が務まるようになるのは、少なくとも三五歳以降だ。私の共同経営者の一人が早々と出世できたのは、実は三〇歳のときにはすっかり禿げていたからだし、別の共同経営者の場合は、四〇歳にして頭が真っ白になるという幸運に恵まれたからだ。辛抱強く待ちたまえ。

④プレゼンがうまくならなければ、シニアAEになるのは無理だ。君のクライアントはほとんどが大企業だから、そういう企業の委員会を前にして、プランやキャンペーンを売り込まなければならない。優れたプレゼンとは、うまく書けているのはもちろん、話し方も達者でなければならない。書き方のコツは、先輩たちの原稿を学んだり、手間暇かけて努力することで身につく。話し方のコツは、プロのテクニックをじっくり観察することだ。とくにうまいのはニールセンのプレゼン担当者だ。

⑤クライアントを悪意に満ちたまぬけだと思い込むようなありきたりな間違いを犯さないこと。クライアントとは友達になれ。自分も彼らのチームの一員であるかのようにふるまう

ことだ。クライアントの会社の株を買え。しかし派閥争いには巻き込まれるな。負け馬に賭けてクライアントを失うのは惜しい。フランスで七つの政権に使えたタレーランや、「どなたが王になられようと、私はお仕えいたしますぞ!」と言ったという日和見主義の牧師をまねることだ。

⑥クライアントや同僚と日々の交渉をするときは、チェスで言うところのキングやクイーン、ビショップのために戦い、ポーン(歩)は捨てること。たとえ小さな問題でも常に格好よく負けてやる癖がついてしまうと、いざ立ち上がって戦わなければならない大問題が立ちはだかったときにも、つい負け癖がついてなかなか反撃できなくなってしまう。

⑦エレベーターの中でクライアントの仕事の話はしないこと。クライアントの秘密書類は鍵をかけてしまっておくこと。秘密を漏らすという評判が立てば、命とりになりかねない。

⑧コピーライターやリサーチ担当部長に入れ知恵したいときは、個人的にこっそりうまくやること。マディソンアベニューでは人の縄張りを侵す奴は嫌われる。

⑨クライアントや同僚に対して自分の間違いを認める勇気があれば、彼らの尊敬を勝ち得ることができるだろう。率直であること、客観的であること、虚心坦懐《きょしんたんかい》であることが、広告の世界で成功するための必須条件だ。

⑩社内連絡メモはわかりやすく書けるようにすべし。君よりも、君のメモを受け取る上司の方がなすべき責任は多大で、ブリーフケースも満杯であることを思い出そう。メモが長ければ長いほど、その件について権限のある人に読まれる確率は下がる。一九四一年、ウィンストン・チャーチルは海軍第一大臣にこんなメモを送っている。

英国海軍がいかに近代戦に適するよう改善されているかを、本日、一枚の紙の片側のみに記して報告されたし。（傍点筆者）

他の業界や仕事についている同じ年代の仲間よりも、君の方が給料が高いことを忘れないように。高給であるのは、三つの理由による。

第一に、優れた広告人に対する需要は、供給を上まわっているから。第二に、福利厚生がどれほど手厚かろうが、軍隊やメーカーに比べれば少ないから。第三に、広告業は他のほとんどの職業より雇用の安定性が低いから。失業期間中もなんとか生きていけるように、常に収入以下の暮らしをするよう心がけることだ。広告会社の株を買うオプションが与えられたら、チャンスを逃さず買っておくこと。他の方面にも投資しておくべきだ。六五歳になった広告人は、社会保障だけでは食うことさえおぼつかない。

若者にどのくらい能力があるかは、彼らの休暇の過ごし方を見ればわかると思うようになった。貴重な三週間をいたずらに浪費して過ごす奴もいれば、そんな短い期間に一年の残り全部をかけても成し遂げられないような大きな収穫を得る者もいる。そこで君に、爽快な休暇を過ごすためのコツを挙げておこう。

●家でぶらぶら過ごさないこと。君には気分転換が必要だ。

●奥さんは一緒に、しかし子どもたちは近所に預けてでかける。休暇中は子どもたちはイライラの原因になる。広告はまったく見ないように。

●最初の三日間は、毎晩睡眠導入剤を一錠飲む。新鮮な空気をたっぷり吸い、よく体を動かす。

●毎日一冊本を読む。三週間で二一冊になる（すでにブック・オブ・ザ・マンス・クラブの速読術コースをとっていて、一分間に一〇〇〇語は読めるようになっているはずだ）。

●貧乏旅行でもいいから、外国に行って見聞を広める。しかし、旅行しすぎて帰って来たときに苛立ったりくたびれ果てるようではいけない。

精神科医によれば、誰もが趣味を持たなければならない。私がお勧めしたい趣味は「広告」だ。自社が弱い分野をテーマにして、オーソリティと言われるくらい詳しくなる。毎年優れた記事をひとつ書いて、「ハーバード・ビジネスレビュー」に投稿する。やりがいのあるテーマとしては、たとえば小売価格決定の心理学、最適な広告費を決定する新たな方法、政治家が広告を利用する方法、国際的な広告会社が世界中で同じ広告を展開するのをはばむ障害、メディア計画の範囲と頻度の矛盾などだ。こういった厄介な問題のどれかについて権威と言われるようになれば、誰の手も借りず一人立ちできるようになるはずだ。

要するに、本腰を入れて努力しろということだが、何を目標に努力するかは慎重に選ぶべし。歌手でコメディアンでもあるソフィー・タッカーはこう言っている。「金持ちだったこともある。貧乏だったこともある。でも、なんたって金持ちでいるのが最高よ」

11

広告への批判に対する私の回答

つい最近、私の姉で社会主義者のレディ・ヘンディに、「広告は廃絶されるべきである」という意見に賛同しろと迫られた。経済学者でも哲学者でもない私には、こんな恐ろしい提案は扱いきれない。しかし少なくとも、この問題に対する意見は分かれるということだけは指摘できた。

ウェールズ労働党の故アニューリン・ベヴァンは、広告を「邪悪なサービス」だと考えた。また、ウィンチェスターとベーリアル・カレッジの歴史学者アーノルド・トウィンビーは、「広告が害悪でないような状況というものを考えることができない」と言った。さらにハーバードの経済学者ガルブレイス教授は、「広告は、本来は公共事業に使われるべき金を『不要な』ものを手に入れるために浪費させている」と説く。

しかし、自由主義者の誰もが、広告に対する彼らの意見に賛同していると思うのは間違いだ。たとえばフランクリン・ルーズベルト大統領は、違う視点から広告を見ている。

もしもう一度人生をやり直せるとしたら、他のどんな職業にも増して、広告の世界に飛び込んでみたいと思う……広告が高い生活水準についての知識を広めていなかったなら、過去半世紀の間に、社会のあらゆる階層で、現代文明の水準が向上するなどということは起こりえなかっただろう。

サー・ウィンストン・チャーチルも、ルーズベルト大統領に賛同している。

広告は人々の消費力を育てる。広告のおかげで、人は自分や自分の家族のためによりよい家やよりよい服装、よりよい食事といった目標を立てることができる。それぞれがもっと努力し、生産力を上げるよう拍車をかけてくれるのだ。

まじめな経済学者のほとんどは、その政治的信条を問わず、広告は「新製品の情報を与えるのに使われる限り」有用であることで一致している。ロシアの政治家アナスタス・L・ミコヤンはこんなふうに言っている。

ソビエトにおける広告の使命は、現在市場に出まわっている品物についての正しい情報を人民に与え、新たな需要を作り出し、新しい好みや欲求を育み、新しい種類の品物の売り上げを伸ばし、その使い方を消費者に知らせるということにある。ソビエトにおける広告は何よりも、広告される品物の性質、品質、特性を、正直かつ正確、そして人目を引くように説明することを目的としている。

ヴィクトリア朝の経済学者アルフレッド・マーシャルもまた、新製品の「情報を与える」広告を認めているが、彼が言うところの「闘争的な」広告はムダだとして非難した。ロンドンスクール・オブ・エコノミクスのウォルター・トプリンは、広告に関するマーシャルの分析について、「古典派経済学者といえども、こうした偏見や感情的態度から完全に自由たり得ないことを示唆している」と指摘している。確かにマーシャルには小うるさいところがあった。彼のもっとも傑出した弟子であるメイナード・ケインズをして、「まったくバカげた人だ」と言わしめたほどだ。広告に関するマーシャルの意見は、その後多くの経済学者に盗用され、「戦闘的」(あるいは「口のうまい」と言い換えてもいいが)広告は経済的浪費である、というのが正当な学説になってしまった。本当にそうだろうか?

私自身の臨床的経験則からすれば、大先生たちが支持するような、事実に基づいて情報を与える広告は、彼らが糾弾する「戦闘的」あるいは「口のうまい」広告よりも「売り上げを伸ばす」という見地から見てより効果があるように思える。商売上の自己利益と学術的美徳が、ここでは見事に一致するのだ。

もしすべての広告主が空疎な誇大広告をやめて、私がロールスロイスやKLMオランダ航空やシェルで実践したような、事実に基づく情報を提供する広告に転向したら、売り上げが伸びるばかりか正義の味方にもなれるだろう。広告が情報を提供すればするほど、説得力は強まるのだ。

ヒル&ノールトンが最近オピニオンリーダーを対象に行った世論調査の中に「広告主は、広告の中で事実を、『赤裸々な事実だけ』を述べるべきか?」という質問項目があった。この厳粛な命題に賛同した人のパーセンテージは、次のように驚くべき割合になった。

宗教指導者……………七六パーセント
知的出版物の編集者…七四パーセント
高等学校校長…………七四パーセント
経済学者………………七三パーセント
社会学者………………六二パーセント
国家公務員……………四五パーセント

大学学部長…………………三三パーセント
ビジネスリーダー………二三パーセント

この結果を見ても、事実に基づく広告は幅広く「ためになるもの」と認識されていることがわかる。しかし、従来からあるブランド同士がしのぎを削る「口のうまい」広告ということになると、ほとんどの経済学者がマーシャルに倣って糾弾する。プエルトリコ経済の再生をもたらし、私が今もつきることのない称賛を送り続けているプエルトリコ総督レックスフォード・タグウェルも、「ある企業の仕事を別の企業に移す努力にともなう壮大な無駄」と決めつけている。また、経済学者でエンジニアのステュアート・チェイスも同様の独断を下している。

広告は人に「なんたら石鹸」を買うのをやめさせ、代わりに「かんたら石鹸」を買わせる……一〇の広告のうちの九までが、互いにほとんど差がない、ほとんど見分けのつかない商品のどちらが優れているかをめぐる論争に終始している。

ピグー、ブレイスウェイト、バスター、ワーン、フェアチャイルド、モーガン、ボールディングといった経済学者たちも、ステュアート・チェイスの言うなんたらかんたらの代わりに、似たり寄ったりとか、うんたらかんたら、なんちゃらかんちゃらと呼び名が変わるだけで、基本的に同じ立場をとっている。ひとつ読めば全部を読んだのと同じことだ。

こうした大先生たちに、ここで面白い秘密を教えて差し上げよう。彼らが糾弾する「戦闘的」ないし「口のうまい」広告は、彼らの認めている「情報を与える」類の広告に比べると、比較にならないほど儲からないのだ。

私の経験からすると、新製品の広告で消費者を説得するのは比較的簡単だ。しかし、長い間出まわっている商品となると、消費者は腹立たしいほど広告に反応しなくなる。というわけで、我々広告会社は、すでに出まわっている商品よりも新製品で儲けを稼ぎ出している。ここでもまた、学術的美徳と商売上の自己利益が一致したわけだ。

広告によって価格は上がるか?

この複雑な問題に対しては、賛否両陣営とも、これまであまりにもいい加減な議論を繰り広げている。広告が価格に与える影響について、まじめな研究はまだほとんどない。しかし、ハーバードのニール・ボーデン教授が何百もの実例を研究している。他にも五人の強力な諮問委員会の教授連の助けを得て、ボーデン教授はある結論に達した。これは、広告の経済学についてくちばしを突っ込む前に、他の教授たちももっと研究すべきものだ。

たとえばこうだ。「少なくとも部分的には、広告のおかげで可能になった大量生産の結果、多くの産業において製造コストが引き下げられている」。そしてまた「広告やその他の販売促進のおかげでマーケットが確立し、大企業は価格を引き下げることが可能になったばかりでなく、通常、有名メーカーによって全国的に展開される商品よりも安い価格で提供される小売店グループのPB商品（自主開発商品）を開発するチャンスを生むことにもなった」

まさしくそのとおりだ。フランス王妃メアリー・テューダーは、自分が死んで解剖されたら、心臓には「カレー（フランスの）」と書いてあるだろうと予言したが、私が死んで解剖されたとしたら、きっと心臓には「PB商品」と書かれていることだろう。広告会社にとってこれらは天敵だ。食料品の総売上のほぼ二〇パーセントが、今や小売業者たちによって所有され広告されないPB商品によって占められている。まったくいまいましい寄生虫だ。

ボーデン教授とその顧問たちは、広告は「確かに批判されるべき点はあるが、経済にとってはマイナスではなくプラスである」と結論づけている（リチャード・D・アーウィン

『The Economics of Advertising（広告の経済学）』一九四二年）。かくて彼らはチャーチルやルーズベルトに与したわけだ。しかしながら、彼らがマディソンアベニューの標語のすべてを支持していたわけではない。たとえば彼らは、広告は消費者に十分な情報を与えていないと結論づけている。実際の業務経験から、私もこの説に賛成だ。

株主から預かった莫大な資金を広告費に支出している人間の口から、広告が価格にどんな影響を与えているかを聞くのはためになる。ユニリーバの前社長であるヘイワース卿はこう言う。

広告は全精力を傾けて節約を成し遂げる。流通面では、在庫の回転率が上がることで小売店側の収益を減らすことなく小売マージンを下げることができる。製造面では、大量生産を可能にする要因のひとつとなっている。大量生産によってコストが下がるのを否定できる人がどこにいるだろうか？

P&Gのハワード・モーガンも、最近、本質的にこれと同じことを言っている。

我が社では、新商品の広告を始めると、広告費用の総額を大幅に上まわる経費節減がもたらされるのを何度も経験している。……広告によって小売価格が下がるのは明らかだ。

ほとんどの業種で、広告費は消費者価格の三パーセント以下だ。だがもしその広告費も節約して広告を廃絶してしまったら、結局は大損することになるだろう。たとえば「ニューヨークタイムズ」の日曜版に広告がなければ、大枚はたかなければ新聞を買えなくなってしまうだろう。それに、どんなにつまらない紙面になるか想像してみてほしい。ジェファーソンは新聞をたった一紙しか読まなかったが、それも「ニュースのためというよりも広告が見たいから」だった。ほとんどの主婦も同じ意見だろう。

広告は独占を助長するか？

ボーデン教授は、「業種によっては、広告によって需要の集中を招き、それによって供給をいくつかの大企業に集中させる要因のひとつになっている」と言う。しかし、広告は独占の「根本的な原因」ではないというのが教授の結論だ。広告は独占を助長すると明言する経済学者もいる。これは私もそう思う。昨今は、中小企業が新ブランドを発表するのがますます難しくなっている。広告について言えば、参入コストがあまりにも高く、そんな金額が払えるのは固定化した一握りの大企業だけなのだ。嘘だと思うなら、一〇〇〇万ドル以下の軍資金で新しい洗剤のブランドを売り出してみるといい。

そのうえメディア側が大口割引をするので、巨大広告主たちは広告の時間とスペースを中小の競合他社よりも安く買うことができる。こうした大口割引は、大企業が中小企業を買収するのを後押しする一因にもなっている。大手広告主は二五パーセントも安く広告を打ち、浮いた金を懐に入れることができるのだ。

広告は編集者を堕落させるか？

そのとおりだ。だが思ったほど大勢が堕落するわけではない。ある雑誌社の社長は、「私のクライアントに五ページも誌面を使わせてやったのに、見返りとしてもらった広告はたったの二ページだった」と憤懣《ふんまん》やるかたないという面持ちで言ったことがある。しかし、たいていの編集者は買収に乗ったりはしないものだ。

雑誌「ニューヨーカー」を興したハロルド・ロスは広告が大嫌いで、あるとき自社の発行人に、「ニューヨーカー」に載せる広告はすべて一ページにまとめろと言ったことがある。彼の後継者もやはり同じような俗物根性に満ちた偏見を持っていて、あらゆるチャンスをとらえて、彼が軽蔑を込めて「広告屋ども」と呼ぶ輩をけなしている。つい最近も、私がこれまで極めて美しい広告で一一七三ページも彼の雑誌を飾ってきてやったことなどおくびにも出さず、冗談めかしつつも私のキャンペーン二つをヤリ玉にあげたばかりだ。雑誌に私の広告を受け入れておきながら、同じ誌面で攻撃するというのはあきれ果てた無礼ではないか。まるで、人をディナーに招いておきながら、その席で侮蔑を食らわすようなものだ。

私は、自分のクライアントを侮辱した編集者にいつか仕返ししてやりたいという誘惑によくかられる。マコーミック大佐が口汚くイギリスをこきおろした記事を載せた「シカゴ・トリビューン」に、私がイギリス産業博のために書いた広告のひとつが掲載されることになったときなど、キャンペーンの掲載をとりやめると言いたくてうずうずした。しかし、そんなことをすれば中西部地区の広告には大きな穴が空いてしまうだろうし、編集者に対して広告が圧力をかけたと大騒ぎになるだろうと思ってやめておいた。

広告によって消費者に不良品を押しつけることは可能か?

苦い経験から、そんなことは無理だということが私にはわかっている。消費者テストで、競合商品より劣っていることが判明した商品を広告するというめったにない経験をしたことがあるが、結果は見るも無惨だった。必死に頭を絞れば、明らかに劣った商品を消費者に買わせることもできるだろうが、しかしそれも一度きりだ。それに、私のクライアントはほとんどが繰り返し商品を買ってくれるリピーターに収益を頼っているのだ。「偽商品の広告を出しても、一度は人に買わせることができるだろう。しかしそのうち詐欺師だと非難されるようになる」ということに初めて言及したのは、バーナム&ベイリー・サーカスのフィニアス・T・バーナムだ。マーケティングと広告研究で著名なアルフレッド・ポリッツや、P&Gのハワード・モーゲンスは、実は広告のおかげで欠陥商品を消滅に追い込むことができると信じている。モーゲンスはこう言う。

「品質の劣るブランドを消滅させるのに一番手っ取り早い方法は、積極的に宣伝することだ。その質の悪さが、それだけ早く人々に知れわたる」

彼は続けて、広告が製品の品質向上に重大な役割を担っていると指摘する。

当然ながらリサーチ担当者たちは、常に我々が購入する商品をよりよいものにする方法を探している。しかし、実のところ、そうした改善の促進や提案は、広告を請け負っている側から出ることが多いのだ。企業の広告の正否は、製品の改善の正否と密接に関わっているのだから、それも当然のことだ。

広告と科学的なリサーチとは、手を携えて驚くほど生産的でスケールの大きな仕事をするようになった。誰よりもこの恩恵を受けるのは、かつてないほど広範囲の優れた商品やサービスを選びとることのできる消費者である。

すでに出まわっている他の商品に比べて明らかに優れたものの開発に成功するまで、新商品を市場に出すのは待った方がいい、と私からクライアントに進言したことも一度や二度ではない。広告は品質やサービスの水準を保つための力でもある。シュウェップスのサー・フレデリック・フーパーは次のように言っている。

広告は品質を保証するものだ。商品の特徴を述べ、常に消費者が一定で高い水準の品質を期待することに多大の予算を費やした企業は、後からあえてその商品の品質を下げるようなことはできない。大衆はときにだまされやすいが、明らかに質の劣る品物を買い続けるほど愚かではない。

「時間に正確」で「信頼できる」というKLMオランダ航空の広告を我々が流し始めると、同社の経営トップは、我が社がこの広告で約束したことを裏切らないようにという回覧を作業要員にまわした。優れた広告会社は、さまざまな産業の評議会において、消費者の利益を代弁していると言うことができるだろう。

広告は嘘っぱちだらけなのか?

今はもうそんなことはない。私のクライアントのひとつなどは、新聞紙上で事件を審理する連邦取引委員会と関わり合いになりたくないあまり、もし我が社の作ったCMがひとつでも連邦取引委員会に不正を疑われたりすれば、ただちに他の広告会社と契約すると警告してきたところだ。

ゼネラルフーズの弁護士は、「昔ながらのフレーバー」というあたりさわりのないコピーを使った広告を流すのを承認する前に、我が社のコピーライターに、オープンピット・バーベキューソースが本当に「昔ながらのフレーバー」だということを証明しろと言ってきた。消費者は自分で思うよりもずっと手厚く守られているのだ。

さまざまな規制機関が出しては変更を繰り返す広告に関するルールに、常にぴったりと遅れずについていくのは不可能だ。たとえば、カナダ政府が特許薬についてある一連のルールを定めると、アメリカ政府はそれとはまた全然違った一連のルールを決める。アメリカでは、ウィスキーの価格を広告に載せることを禁じている州があるかと思えば、別の州では絶対に載せねばならんと言う。ある州で禁じられていることが、別の州では義務だという具合だ。私は常に、広告を作るにあたって私自身が決めたルールに従うだけだ。つまり「家族に見せたくないような広告は絶対に作るな」ということだ。

推理小説やアングロカトリック派のパンフレットを書き始める前に広告を書いたことがあるドロシー・セイヤーズは、こんなことを言っている。「単純な嘘は危険だ。残された武器は『不実な表示』と『真実の隠蔽《いんぺい》』だけだ」。私も一度だけ「不実な表示」をした罪を認める。我々マディソンアベニューの間では「逃げ口上」と言われているものだ。だが二年後、ある化学者が、私が不実に示唆していたものが実は真実だったことを発見してくれて、ようやく良心の呵責から救われた。

しかし、「真実の隠蔽」の方ではいまだに絶えず罪を犯していることを告白しなければならない。広告主がその商品の欠点を包み隠さず述べると思うのは期待しすぎというものではないか？　人にできるだけよい印象を与えたいと思うくらいは許してもらわねばなるまい。

広告は、いりもしない商品を買う気にさせられるか？

もしデオドラントが必要な人など誰もいないとお思いなら、アメリカ人女性の八七パーセント、男性の六六パーセントにデオドラント製品を買わせたかどで広告を批判していただいてかまわない。もしビールが必要な人など誰もいないとお思いなら、成人人口の五八パーセントにビールを飲ませたかどで広告を批判していただいて結構だ。肉体的な安らぎ、外国旅行などを悪いことだとお考えなら、そういう邪悪な行いを奨励する広告を非難する権利がある。社会が豊かになるのが気に入らないというのなら、大勢の人に豊かな社会を追求するようそそのかしている広告を批判するあなたは正しい。

しかしもしあなたがその手のピューリタンなら、あなたにわかってもらえるように話をすることは私にはできない。精神的マゾヒストと呼ばせてもらうだけだ。レイトン大司教に倣って、私もこんなふうに祈ろう。「神よ、賢人と善人の過ちから我を救いたまえ」

イギリス労働運動の父、かのジョン・バーンズは、労働者階級の悲劇は、その夢があまりに貧困なことだと言った。労働者階級に、質素とすら言えない暮らし以上のものを夢見るよう説いたからと言って、私は間違っているとは思わない。

広告は政治にも用いられるべきか？

私はそうは思わない。近年、政党が広告会社を使うのがはやっている。一九五二年には、旧友のロッサー・リーヴがアイゼンハワー元帥を、まるでチューブ歯磨きでもあるかのように宣伝した。リーヴは五〇本のCMを制作し、その中で元帥は、架空の市民が書いたでっち上げの質問に対する手書きの返事を読みあげる。

市民「アイゼンハワーさん、生活費が高いことについてどうお思いになりますか？」
アイゼンハワー「妻のマミーも同じことを心配しています。妻には、一一月四日にそれを変えるのが我々の仕事だと言っています」

このCM撮影の合間に、元帥はこう言ったという。「老兵がこんなことまでやらされるとはな」

政治家や政党にかかわらず、次のような理由で、我が社はそうした誘いはお断りすることにしている。

①政治家の売り込みに広告を使うとは下品極まる。

②民主党員を宣伝するとすれば、我が社にいる共和党員には不公平だし、逆の場合も同じことだ。

しかし、我が社の同僚たちが、個人としてどちらかの政党のために働いて政治的義務を果たすことは奨励している。政党や候補者が、政治集会を放映するためTVの時間枠を買いたいというような専門的な広告サービスを必要としているなら、エキスパートたちをボランティアとして募り、臨時のチームとして団結すればいいのだ。

広告は政治色のない大義名分のために使えるか？

我々広告会社は、大義名分のための仕事をすることによって慎ましい満足を得ている。外科医が生活保護を受けている人たちを無報酬で手術するように、我々もチャリティという患者のためのキャンペーンを作ることに多くの時間を捧げている。たとえば、我が社は自由ヨーロッパ放送の最初のキャンペーンを制作したし、最近ではアメリカ癌協会、アメリカ国連委員会、ニューヨークをきれいにするための市民委員会、それからパフォーミング・アーツのためのリンカーン・センターのキャンペーンも作ってきた。こうした大義名分のために我々が拠出したプロとしてのサービスは、金額に換算すると二五万ドルほどになり、これは通常一二〇〇万ドルの広告を制作する際得られる利益に相当する。

一九五九年、私はジョン・D・ロックフェラー三世とクラレンス・フランシスに、当時まだ計画段階にあったリンカーン・センターに対する一般市民の意識を高める手伝いをしてほしいと頼まれた。調査をすると、ニューヨークに住む成人のうち、リンカーン・センターのことを聞いたことがある人はたったの二五パーセントだった。一年後、私たちがキャンペーンを終えると、リンカーン・センターを知っている人の割合は六七パーセントになっていた。

このキャンペーンのプランを提出するとき、私はこんなことを言った。

リンカーン・センターのアイデアを思いついた方々や、このセンター設立のために寄付をした大きな財団の関係者は、もしニューヨーク市民が、リンカーン・センターとは上流階級のためだけのものだと考えるようになったらがっかりなさるはずです。……ですから、ぜひとも正しいイメージを作り出さなければなりません。それは、リンカーン・センターは万人のためのものだというイメージです。

キャンペーンの締めくくりに調査を行ってみると、庶民のための施設にしようという目的が達成できたことがわかった。インタビューに答えた人たちには、選択肢の中から自分が賛同できると思うものを選んでもらった。投票結果は次のとおりだ。

ニューヨークやその近郊に住む人は皆、
一度はリンカーン・センターに行くと思う……………七六パーセント
リンカーン・センターは金持ちだけのものである……四パーセント

大義名分のためのキャンペーンには、たいてい広告会社一社が協賛するものだが、リンカーン・センターの場合は、BBDO、ヤング&ルビカム、それにベントン&ボウルズが我が社と手を携えてボランティアで仕事をしてくれた。調和のとれた素晴らしい四社のカルテットだ。TV・CMはBBDOが制作し、ニューヨークのTV各局は六〇万ドル分に相当する時間を割いてそれを放映してくれた。ベントン&ボウルズはラジオCMを制作し、ラジオ各局は一〇万ドル分の時間を割いて放送してくれた。印刷媒体はヤング&ルビカムと我が社が制作し、「リーダーズ・ダイジェスト」「ニューヨーカー」「ニューズウィーク」そして「キュー」誌がその広告をタダで載せてくれた。

我が社がニューヨークをきれいにするためのキャンペーンのボランティアを引き継いだときには、清潔であると評価される通りはすでに五六パーセントから八五パーセントに上がっていた。いまだにゴミだらけの通りは、責任感のない人の集まる中心部で、私はそういう人たちには、前の広告会社が作った「もっときれいなニューヨークにあなたの一票を」などというスローガンでは生ぬるすぎて更生することはできないと思った。

世論調査をしてみると、ニューヨーカーの大半は、路上にゴミを捨てると二五ドルの罰金を科されることを知らなかった。そこで我々は、ところかまわずゴミを捨てるような輩は法廷に引きずり出されることになると警告する、厳しいキャンペーンを展開することにした。同時に、制服を着用した特別機動隊を募って、通りをバイクでパトロールして違反者狩りをしてもらいたいとニューヨーク衛生局に説きつけた。新聞や雑誌も、この広告を載せるために、かつてないほどのスペースをタダで提供してくれたし、また最初の三ヶ月間、ニューヨークのTV、ラジオ各局はタダで一一〇五回もこのCMを放送させてくれた。四ヶ月後、三万九〇〇四件の召喚状が出され、治安判事たちは職務を執行した。

広告は下品で退屈なものか？

労働党右派の国会議員C・A・R・クロスランドは、「ニューヨーク・ステーツマン」誌で、広告は「下品でどぎつく癪にさわる代物だ。また絶えず真実と嘘をごた混ぜにすることによって、広告を作る側にも受ける側にも、間違いなく皮肉と堕落を引き起こしている」となり立てている。

これは、教養ある人々の間から発せられた現在の広告に対する苦情であろうと思う。経済学者ルドウィク・フォン・ミーゼスは、広告を「けたたましくやかましく、がさつで大げさだ」と評した。また大衆が品のある広告に関心を示さないことを非難している。私はと言えば、自分自身も含めて、広告主や広告会社の方により非があると思いたい。

少なくとも私は、何が大衆にショックを与えるかの判断が甘かったと言わざるを得ない。私にとっては完璧に無害だと思える広告が、猥褻であるとして痛烈に非難されたという経験が二度ある。ひとつは女性もののハサウェイシャツの広告だったが、それはベルベットのズボンをはいた美女が椅子にまたがって、長い葉巻を吸っているというものだった。もうひとつはTV・CMだったが、バンのデオドラントをギリシャ彫刻の腋の下に塗るというものだった。どちらのケースも、私には問題があるとは思えなかったシンボリズムが、より好色な魂に火をつけたのだった。

私にとっては、猥褻さよりも、趣味の悪い字組みや陳腐な写真、要領を得ないコピー、安っぽいテーマソングなどの方がよほど気に入らない。雑誌や新聞なら、こんな恐ろしいものが出てきても読み飛ばすことができるが、TVではそうはいかない。CMで番組が中断されると、暴力に訴えたくなるほど頭にくる。TV局のオーナー連中はあまりに強欲で、人間の尊厳にまで出しゃばってくるような侮辱を食い止めることができないのだろうか。大統領の就任式や王様の戴冠式でさえCMに中断されてしまうのだ。

広告を手がける者として、TVが、これまで発明された中でもっとも強力な広告媒体であることを私は知っているし、それによって生計を立ててもいる。しかし個人的には、CMに邪魔されずにTVを観るという特権が得られるなら、喜んで金を払いたいものだ。いったいどうすればいいのか、道義的に私は進退きわまっている。

マディソンアベニューを下品な唯物主義の一大シンボルにしてしまったのは、TV・CMだ。政府がTVを規制する機構を早急に作らなければ、心ある人の大部分は、トインビーの唱えた「我が西欧文明の運命は、マディソンアベニューに象徴されるすべてのものと我々がいかに戦うかにかかっている」という意見に賛同するようになるのではないかと恐れをなしている。マディソンアベニューが生きながらえなければ私自身の明日もないわけだが、抜本的な改革を加えなければその存続も怪しいものだ。

ヒル&ノールトンの報告によれば、オピニオンリーダーのほとんどが、今や広告はあまりに物質中心主義的な価値観を押し進めていると感じているという。彼らの意見は、明日には有権者の大半の意見になるだろうという事実が、私の生計の基盤をおびやかす原因になっている。

姉さん、広告は決して廃絶されてはいけない。しかし改革されなければならないのだ。

本書は、一九六四年にダヴィッド社から『ある広告人の告白』が刊行された後、二〇〇四年に刊行された原書の新版『CONFESSIONS OF AN ADVERTISING MAN』を元に翻訳したものです。

この度はお買いあげいただき
誠に有り難うございます。
本書に関するご意見・ご感想等は
下記のいずれかへお願いします。

海と月社
〒151-0051
東京都渋谷区千駄ヶ谷2-10-5-203
FAX 03-6438-9542
Eメール info@umitotsuki.co.jp

ある広告人《こうこくじん》の告白《こくはく》[新版《しんぱん》]

2006年7月7日 初版第1刷発行
2013年10月2日 第14刷発行

著者 デイヴィッド・オグルヴィ
訳者 山内《やまのうち》あゆ子
装幀 萬屋デザイン室
印刷 萩原印刷株式会社
用紙 中庄株式会社
発行所 有限会社海と月社
〒151-0051
東京都渋谷区千駄ヶ谷2-10-5-203
電話03-6438-9541 FAX03-6438-9542
http://www.umitotsuki.co.jp

定価はカバーに表示してあります。
乱丁本・落丁本はお取り替えいたします。

ISBN978-4-903212-03-6

【好評発売中】

USP ユニーク・セリング・プロポジション

ロッサー・リーブス　近藤隆文［訳］
◎1680円（税込）

売上げに直結させる
絶対不変の法則

オグルヴィやジャック・トラウトも絶賛！
いま最も重要で最も見落とされていることは？
世界28カ国で刊行、一流企業やビジネススクールで
半世紀以上読み継がれる
USP提唱者による唯一の教科書。